관광·실용에
꼭 필요한
내용 중심

알기 쉬운
관광일본어
회화

고영길 저

백산출판사

머리말

　현재 상당수의 관광일본어와 관련된 교재가 출판되어 있으나, 대부분의 교재는 제목이 기초 내지 초급으로 적혀 있지만 실상 그 내용은 어느 정도 일본어회화를 익혀야지 가능한 내용들이 많이 포함되어 있는 실정이다.

　또한 관광일본어는 관광서비스에 관련된 일본어로 일본인 관광객에게 서비스를 제공하는 데 필요한 전문적인 일본어이므로 최소한 일본어 중급 정도에서 쓰이는 표현이 많기 마련이어서, 대학의 관광일본어 수업중 학생들이 점점 일본어에 흥미를 잃어가고, 교수님들은 관광과 관련된 여러 가지 상황을 통해 강의가 이루어지다보니 관광일본어보다는 관광실무 위주의 교육이 진행되기도 하였다.

　그래서 본 교재는 위와 같은 부작용을 지양하기 위하여 관광업에 종사하면서 일본인 고객에게 서비스를 제공하기 위한 가장 기초적인 일본어회화를 중심으로 하여, 일본인 관광객과 관광서비스의 커뮤니케이션이 예상되는 상황을 설정하여 일반 일본어회화와 관광일본어를 접목하고자 하였다.

　아울러 기초적인 수준의 관광일본어 교재의 역할뿐만 아니라 일본어를 처음 접하게 되는 일반인 및 일본여행을 앞둔 여행자들에게도 유익한 교재가 될 수 있도록 편성하였다.

　본 교재의 특징은 첫째, 일본어 초심자들이 쉽게 다가갈 수 있도록 교재 전반에 새롭게 배울 한자와 카타카나의 읽는 방법을 기재하였으며, 원래 일본어에는 띄어쓰기가 없으나 띄어쓰기를 하여 읽는데 도움을 주고자 하였다.

　둘째, 일반적인 일본어회화와 마찬가지의 문법체계와 관광과 관련된 상황설정을 통해 일본어회화와 관광일본어를 접목시켜려 노력하였다.

　셋째, 본문과 회화연습 등에 관광업계의 전반적 상황을 다룸으로써 관광서비업에 종사하게 될 분들에게 많은 도움을 주고자 하였으며, 일본여행을 앞둔 여행자들에게도 여행에서 일어나게 될 다양한 상황을 먼저 접할 수 있게 하였다.

　넷째, 관광일본어에서는 경어를 사용함이 마땅하다. 그러나 경어를 처음부터 사용하게 되면 일본어 초심자의 경우 쉽게 다가가지 못하기 때문에 경어표현이 부득이 들어갈 경우 통문장으로 그 상황에 맞는 경어표현을 사용하였고, 그 경어를 제외하고는 시중의 일본어회화 교재 스타일의 형식을 띠고 있기에 보다 쉽게 다가갈 수 있으리라 생각된다.

　다섯째, 대학교재는 일반적으로 읽기, 말하기, 듣기에 치중되어 있어 이를 보완하여 다양한 회화연습이 가능하도록 편성하였다.

　부족하지만 본 교재를 통한 학습으로 관광일본어를 필요로 하는 분들에게 많은 도움이 되었으면 하는 바람이며, 이 책이 나오기까지 도움을 주신 백산출판사 진욱상 사장님과 편집부 직원들과 각계 여러분들께 이 자리를 빌어 감사의 말씀을 올린다.

저자 씀

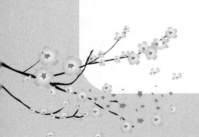

차례

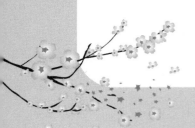

일본어 문자

일본어의 문자는 ひらがな(히라가나)와 カタカナ(카타카나), 그리고 漢字, 세 가지라고 할 수 있습니다. 일반적인 것은 ひらがな(히라가나)로 적으며, 외래어 등은 カタカナ(카타카나)로, 여기에 한자를 섞어서 사용하고 있습니다.

원래 일본어는 띄어쓰기가 없기 때문에 한자를 섞지 않으면 의미를 파악하기 힘들 수 있기 때문입니다.

あ ア 아	か カ 카	さ サ 사	た タ 타	な ナ 나	は ハ 하	ま マ 마	や ヤ 야	ら ラ 라	わ ワ 와	ん ン 응
い イ 이	き キ 키	し シ 시	ち チ 치	に ニ 니	ひ ヒ 히	み ミ 미		り リ 리		
う ウ 우	く ク 쿠	す ス 스	つ ツ 츠	ぬ ヌ 누	ふ フ 후	む ム 무	ゆ ユ 유	る ル 루		
え エ 에	け ケ 케	せ セ 세	て テ 테	ね ネ 네	へ ヘ 헤	め メ 메		れ レ 레		
お オ 오	こ コ 코	そ ソ 소	と ト 토	の ノ 노	ほ ホ 호	も モ 모	よ ヨ 요	ろ ロ 로	を ヲ 오	

탁음(濁音)					반탁음(半濁音)	
	が ガ 가	ざ ザ 자	だ ダ 다	ば バ 바		ぱ パ 파
	ぎ ギ 기	じ ジ 지	ぢ ヂ 지	び ビ 비		ぴ ピ 피
	ぐ グ 구	ず ズ 즈	づ ヅ 즈	ぶ ブ 부		ぷ プ 푸
	げ ゲ 게	ぜ ゼ 제	で デ 데	べ ベ 베		ぺ ペ 페
	ご ゴ 고	ぞ ゾ 조	ど ド 도	ぼ ボ 보		ぽ ポ 포

① 한번 써 볼까요?

あ						
い						
う						
え						
お						

◁» 발음해 보세요.
- あお(青) 파랑
- いえ(家) 집
- おい 조카
- うえ(上) 위
- あい(愛) 사랑

か						
き						
く						
け						
こ						

우리말의 「ㅋ」 자음과 비슷하다. 단어의 중간이나 끝에서는 「ㄲ」으로 발음한다.

◁» 발음해 보세요.
- かき(柿) 감
- かこ(過去) 과거
- あき(秋) 가을
- いけ(池) 연못
- こえ(声) 목소리
- きおく(記憶) 기억

さ						
し						
す						
せ						
そ						

우리말의 「ㅅ」 자음과 비슷하다. 「す」는 우리말의 「스」에 가까운 발음이다.

◁» 발음해 보세요.
- さけ(酒) 술
- あし(足) 다리
- しお(塩) 소금
- あせ(汗) 땀
- せき(席) 자리
- うそ 거짓말

た							「た, て, と」는 「ㅌ」과 비슷하지만, 단어의 중간이나 끝에서는 「ㄸ」으로 발음된다.
ち							「ち, つ」의 경우도 「ㅊ」에 가까우나, 단어의 중간이나 끝에서는 「ㅉ」에 가깝다.
つ							「つ」는 모음을 「ㅡ」에 가깝게 발음해야 한다.
て							
と							

🔊 발음해 보세요.
- ちか(地下) 지하
- つち(土) 땅
- たて(縦) 세로
- たいせつ(大切) 중요
- そと(外) 밖
- とし(年) 해

な							な행의 자음은 우리말의 「ㄴ」과 비슷하다.
に							🔊 발음해 보세요.
ぬ							- なか(中) 가운데
ね							- にく(肉) 고기
の							- いぬ(犬) 개

- ねこ(猫) 고양이
- ぬの(布) 천
- のこす(残す) 남기다

は							は행의 자음은 우리말의 「ㅎ」과 비슷하다.
ひ							🔊 발음해 보세요.
ふ							- はは(母) 엄마
へ							- ひと(人) 사람
ほ							- さいふ(財布) 지갑

- へや(部屋) 방
- ほし(星) 별
- あさひ(朝日) 아침해

ま					
み					
む					
め					
も					

ま행의 자음은 우리말의 「ㅁ」과 같다.

◁» 발음해 보세요.
- まど(窓) 창문
- まいにち(毎日) 매일
- みせ(店) 가게
- むし(虫) 벌레
- にもつ(荷物) 짐

や					
ゆ					
よ					

「야, 유, 요」라고 발음되는 일종의 모음이다.

◁» 발음해 보세요.
- おゆ(お湯) 더운 물
- ゆき(雪) 눈
- よむ(読む) 읽다

ら					
り					
る					
れ					
ろ					

ら행의 자음은 우리말의 「ㄹ」과 비슷하다.

◁» 발음해 보세요.
- うら(裏) 뒤
- とり(鳥) 새
- まる(丸) 동그라미
- れきし(歴史) 역사
- ろく(六) 육

わ						
を						
ん						

「を」는 「お」와 발음이 같은데, 「を」는 「~을(를)」이라는 목적격 조사로만 쓰인다.
「ん」은 받침기호이다.

◁) 발음해 보세요.
- わたし(私) 나, 저
- ほん(本)を 책을

✔ 틀리기 쉬운 글자

い[i]– り[ri] | き[ki]– さ[sa] | ぬ[nu]– め[me] | ね[ne]– れ[re]– わ[wa]

は[ha]– ほ[ho] | る[ru]– ろ[ro]

✔ 연습(cross word)

ほ	い	わ	め	に	み
し	ら	ね	き	お	そ
せ	う	ま	い	に	ち
し	わ	つ	く	る	の
え	た	り	す	あ	め
り	し	も	つ	ぬ	ち

찾을 단어

- わたし
- まつり
- ほし
- あめ
- まいにち

◁)) 테이프에서 불러주는 발음의 글자 칸에 색칠을 하세요. 어떤 그림이 나올까요?

あ	い	う	え	お	か	き
く	け	こ	さ	し	す	せ
そ	た	ち	つ	て	と	な
に	ぬ	ね	の	は	ひ	ふ
へ	ほ	ま	み	む	め	も
や	ゆ	よ	ら	り	る	れ
ろ	わ	ん				

あ	い	う	え	お	か	き
く	け	こ	さ	し	す	せ
そ	た	ち	つ	て	と	な
に	ぬ	ね	の	は	ひ	ふ
へ	ほ	ま	み	む	め	も
や	ゆ	よ	ら	り	る	れ
		ろ	わ	ん		

❷ 탁음(濁音)

が					
ぎ					
ぐ					
げ					
ご					

우리말의 「ㄱ」에 가까운 발음이며 단어의 중간이나 끝에서는 비음(콧소리)으로 발음될 수 있다.

◁)) 발음해 보세요.
- がいこく(外国) 외국
- えいご(英語) 영어
- かぐ(家具) 가구
- げた 일본 나막신
- しごと(仕事) 일

ざ						
じ						
ず						
ぜ						
ぞ						

우리말의 「ㅈ」과 「ㅅ」의 중간발음이다.

🔊 발음해 보세요.
- かざん (火山) 화산
- じしん (地震) 지진
- みず (水) 물
- かぜ (風) 바람
- すずしい (涼しい) 시원하다

だ						
ぢ						
づ						
で						
ど						

「ぢ」, 「づ」는 「じ」, 「ず」와 발음이 같은데, 그리 많이 쓰이는 글자는 아니다.

🔊 발음해 보세요.
- だいず (大豆) 콩
- はなぢ (鼻血) 코피
- おこづかい (お小遣い) 용돈
- でんわ (電話) 전화
- どようび (土曜日) 토요일

ば						
び						
ぶ						
べ						
ぼ						

🔊 발음해 보세요.
- さばく (砂漠) 사막
- びじん (美人) 미인
- ぶどう 포도
- かべ (壁) 벽
- ぼうし (帽子) 모자
- へいぼん (平凡) 평범

■ ③ 반탁음(半濁音)

ぱ							「ㅂ」과 「ㅃ」의 중간발음이다.
ぴ							* 편의상 「ㅍ」으로 설명하기로 한다.
ぷ							◁» 발음해 보세요.
ぺ							▪ せんぱい(先輩) 선배 ▪ えんぴつ 연필 ▪ てんぷら 튀김
ぽ							▪ ぺこぺこ 굽실굽실 ▪ たんぽぽ 민들레

■ ④ 요음(拗音)

요음은 「ㅣ」모음의 글자 중에서 「い」를 제외한 [き, し, ち, に, ひ, み, り] 및 [ぎ, じ, び, ぴ]의 오른쪽 밑에 작게 [ゃ, ゅ, ょ]를 붙여 표기한다.

발음은 앞 글자의 발음과 합쳐서 한 덩어리로 발음하면 된다.

가령, きゃ는 「캬 (ㅋ+ㅑ)」로 발음을 해야지 「키야」라고 하면 안 된다.

◁» **한번 발음해 볼까요?**

- -

☐ いしゃ : 의사　　　　☐ りょこう : 여행

☐ みりょく : 매력　　　☐ ちょちく : 저축

☐ びょうき : 병

⑤ 촉음

촉음은 다른 글자의 뒤에 「っ」를 작게 적는 것으로 받침 역할을 한다.
이것은 뒤 글자의 자음을 받침으로 사용하면 된다. 즉, 「ひっこし」라고 했을 때
「ひ(히)」 다음의 조그만 「っ」는 받침으로 붙여야 하는데 뒤 글자「こ(코)」의 자음
「ㅋ」을 받침으로 사용하여 결국 「힉코시」 정도로 발음이 된다는 것이다.

한번 발음해 볼까요?

□ にっき : 일기　　　　□ ざっし : 잡지
□ きって : 우표　　　　□ いっぱい : 가득

⑥ 발음

일본어 글자 중에서 「ん」은 원래 받침 역할을 하는 글자이다. 이것은 뒤에 오는
글자에 따라 받침이 틀려지는데 규칙은 굳이 설명하면 다음과 같다.

1) 「ㄱ, ㅋ」 자음의 글자 다음에 ん이 오면 「ㅇ」 받침

□ おんがく : 음악　　　□ けんか : 싸움

2) 「ㄴ, ㄷ, ㅌ, ㅅ, ㅈ, ㄹ」 자음의 글자 다음에 ん이 오면 「ㄴ」 받침

□ おんな : 여자　　　　□ うんどう : 운동
□ はんたい : 반대　　　□ けんさ : 검사
□ かんじ : 한자　　　　□ べんり : 편리

3) 「ㅁ, ㅂ, ㅍ」 자음의 글자 다음에 ん이 오면 「ㅁ」 받침

□ さんま : 꽁치　　　　□ ほんぶ : 본부
□ しんぱい : 걱정

4) 「ㅇ」자음,「ㅑ, ㅑ」의 이중 모음 다음에 ん이 오거나 「ん」으로 끝나면 「(비음 섞인) ㅇ」받침

🔊 ☐ れんあい : 연애　　　　☐ でんわ : 전화

☐ ほんや : 책방　　　　☐ おでん : 어묵

어렵나요?

그러나 글자를 발음할 때 너무 규칙에 얽매이기보다는 테이프를 많이 듣고 따라 읽는 것이 효율적이며, 어느 정도 시간이 지나면 자연스럽게 발음하고 있는 자신을 발견하게 됩니다.

---

❼ 장음

길게 발음하라는 것인데 ひらがな에서는「あ·い·う·え·お」로, カタカナ에서는 「ー」로 표기한다. 길게 발음을 해야 되는 경우는 다음과 같다.

1) 「ㅏ」+ あ　　　　　　2) 「ㅣ」+ い

3) 「ㅜ」+ う　　　　　　4) 「ㅔ」+ え 또는 い

5) 「ㅗ」+ お 또는 う

각각의 예를 들어보겠습니다. 한번 발음해 볼까요?

🔊 ☐ おばあさん : 할머니　　　☐ おじいさん : 할아버지

☐ くうき : 공기　　　　　　☐ おねえさん : 누나, 언니

☐ えいが : 영화　　　　　　☐ こおり : 얼음

☐ おとうさん : 아버지

촉음, 발음, 장음은 각각 하나의 음절이므로 발음할 때 한 박자 길이를 두도록 해야 한다.

테이프를 듣고 바른 것을 고르시오.

1. ① えんぴつ　② へんぴつ　③ えんびつ　④ えんぴす

2. ① せけん　② せえけん　③ せっけん　④ せんけん

3. ① おっと　② おうと　③ おとう　④ おと

4. ① いおい　② いように　③ よい　④ ようい

5. ① しぱい　② しっぱい　③ しっはい　④ しはい

6. ① しゅうせき　② しゆっせき　③ しゅっせき　④ すっせき

7. ① いしょ　② いしょう　③ いっしょう　④ いっしょ

8. ① にんぎょう　② にんぎょ　③ いんぎょう　④ いんぎょ

9. ① びょいん　② びょういん　③ びよいん　④ びよういん

10. ① おじしゃん　② おじさん　③ おじいしゃん　④ おじいさん

읽을거리 1. 일본의 국토

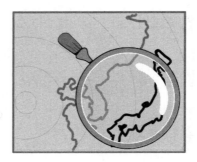

　일본 국토 면적은 37.8만km²으로서 남북한을 포함한 우리나라의 1.7배이며, 수도는 도쿄(東京)로 대구와 같은 위도 상에 있다.

　한편 행정구역과 관련해서는, 한국이 현재 2개의 특별시(서울특별시, 세종특별자치시)와 6개의 광역시(인천, 대구, 대전, 광주, 울산, 부산), 9개의 도(경기, 강원, 충북, 충남, 전북, 전남, 경북, 경남, 제주)로 이루어져 있는데 일본의 행정구역은 1개의 都(한국의 특별시에 해당하는 東京都 : とうきょうと)와 1개 道(北海道 : ほっかいどう), 2개 府(大阪府 : おおさかふ/京都府 : きょうとふ), 43개의 현(県)으로 이루어져 있다.

　일본은 섬으로 이루어져 있는데 커다란 섬은 북쪽부터 홋카이도, 혼슈, 시코쿠와 큐슈이며, 이 밖에 큐슈의 남쪽에 있는 오키나와를 비롯한 약 4,000개의 섬으로 이루어져 있다.

　참고로 일본 건국신화에 따르면 "이자나기"라는 남자 신과 "이자나미"라는 여자 신이 일본열도와 수많은 작은 섬들을 만들었다고 한다.

第1課。

はじめまして。

第1課。 はじめまして。

┃ 일본과 한국의 공항에 대해 생각해 봅시다.
┃ 가이드(관광통역안내사)와 국외여행인솔자의 차이가 무엇인지 생각해 봅시다.

한국으로 여행갈 타나카씨가 친구인 키무라씨와 인솔자인 사토씨를 공항에서 만났다.

> たなか ： おはようございます。
>
> きむら ： あ, たなかさん, おはようございます。
> 　　　　　こちらは さとうさんです。
>
> さとう ： はじめまして。さとうです。
> 　　　　　どうぞ よろしく おねがいします。
>
> たなか ： はじめまして。たなかです。
> 　　　　　こちらこそ よろしく。
> 　　　　　さとうさんも きむらさんの ともだちですか。
>
> さとう ： いいえ, わたしは さくら りょこうしゃの てんじょういんです。

단어체크

おはようございます 안녕하세요(아침에 사용하는 인사말) ｜ さん ~씨 ｜ こちら 이쪽 ｜ は ~은, ~는
です ~입니다. ｜ はじめまして 처음 뵙겠습니다. ｜ どうぞよろしくおねがいします 모쪼록 잘 부탁드리겠습니다.
こちらこそ 저야말로, 이쪽이야말로 ｜ よろしく 잘(부탁드립니다) ｜ も ~도 ｜ の ~의
ともだち(友だち) 친구 ｜ ですか ~입니까? ｜ いいえ 아니요(➡ はい : 예) ｜ わたし(私) 나, 저(➡ あなた : 당신)
りょこうしゃ(旅行社) 여행사 ｜ てんじょういん(添乗員) 국외여행인솔자(tour conductor)

제1과. 처음 뵙겠습니다.

타나카 : 안녕하세요.

키무라 : 아, 타나카씨, 안녕하세요.
　　　　이쪽은 사토씨입니다.

사토 　 : 처음 뵙겠습니다. 사토입니다.
　　　　잘 부탁드리겠습니다.

타나카 : 처음 뵙겠습니다. 타나카입니다.
　　　　저야말로 잘 부탁드리겠습니다.
　　　　사토씨도 키무라씨 친구입니까?

사토 　 : 아니오, 저는 사쿠라 여행사 인솔자입니다.

체크 1. こちらは さとうさんです。

- 「は」는 원래 "ha"라고 발음이 되지만, 「~은, ~는」이라는 의미의 조사로 쓰일 때만은 "wa"라고 발음이 된다. 참고로 「は」 외에도 「へ」도 「~쪽으로」라는 조사로 사용될 때는 "he"가 아닌 "e"로 발음된다.
- 「~です」란 「~입니다」라는 의미이다.
  「です」 다음에 「か」를 붙여 「ですか」라고 하면 의문형이 된다.
- きむらさんは にほんじんです。   (키무라씨는 일본인입니다.)
- わたしは かいしゃいんです。   (나는 회사원입니다.)
- たなかさんは せんせいですか。   (타나카씨는 선생님입니까?)

단어체크

にほんじん(日本人) 일본인 | かいしゃいん(会社員) 회사원 | せんせい(先生) 선생님

체크 2. おはようございます。

한국과는 달리 일본에서는 시간에 따라 사용하는 인사말이 다르다.

즉, 아침에는 おはようございます, 낮에는 こんにちは, 저녁에는 こんばんは라는 표현을 사용한다. 조심해야 할 것은 こんにちは와 こんばんは에서 は라는 발음을 "wa"로 발음해야 한다는 점이다.

원래 こんにち란 "오늘"을 의미하는 말이었으며, こんばん은 "오늘 밤"이라는 의미이다. 따라서 こんにちは는 "오늘은"이라는 의미로 해석이 되는데, 뒤에 "별일 없으시죠?", "잘 지내셔야 할 텐데요" 등의 말이 생략되어 오늘날 하나의 인사말로 굳어진 표현이라 이해하면 된다.

✓ 체크3. ／ さくら りょこうしゃの てんじょういんです

- 「の」는 「~의」라는 의미의 조사이다.

    주의) 한국어와는 달리 일본어에서는 명사와 명사 사이에 반드시 사용되어야 한다.
    다시 말해, 「일본어 공부」, 「친구 책」처럼 한국어에서는 「~의」라는 조사를 사용하지
    않을 수 있으나, 일본어에서는 「の」를 넣어주어야 한다.

- 일본어 공부 にほんご べんきょう(×)　　にほんごの べんきょう(○)
- 친구 책　　　ともだち ほん(×)　　　　　ともだちのほん(○)
- にほん りょこうしゃ　　　　　　　　　(여행사 이름 : 고유명사)
- にほんの りょこうしゃ　　　　　　　　(일본에서 사업하고 있는 여행사들)

단어체크

にほんご(日本語) 일본어 ｜ べんきょう(勉強) 공부 ｜ ほん(本) 책

제1과 회화연습

1. 옆 사람을 처음 만났다고 생각하고 예문과 같이 주어진 단어들을 이용해서 인사를 나눠 보시오.

1) はじめまして。

   わたしは（　이름　）です。

   よろしく　おねがいします。

이름	・たなか　・きむら　・さとう　・やまだ　・やまもと

2) はじめまして。

   わたしは（소속）の（이름）です。

   よろしく　おねがいします。

소속	・かんこく ホテル(한국호텔) ・○○だいがく(○○대학) ・さくら めんぜいてん(사쿠라 면세점) ・○○カジノ(○○카지노)	・にほん りょこうしゃ(일본 여행사) ・にほん こうくう(일본항공)

2. 예와 같이 옆 사람들에게 직업을 물어보고, 상대방은 대답해 보시오.

1) A : あなたは　かいしゃいんですか。

   B : はい, わたしは　かいしゃいんです。

   A : きむらさんも　かいしゃいんですか。

   C : はい, わたしも　かいしゃいんです。

2) A : あなたは かいしゃいんですか。

 B : いいえ, がくせいです。

 A : きむらさんも がくせいですか。

 C : はい, わたしも がくせいです。

직업	• かいしゃいん(회사원) • がくせい(학생) • ベルマン(벨맨)
	• せんせい(선생님) • ガイド(가이드) • てんじょういん(인솔자)

3. 위의 이름, 소속, 직업 등을 참조하여 예와 같이 옆 사람을 소개하고, 그 옆 사람은 모두에게 자신을 소개해 보시오.

A : みなさん, こちらは きむらさんです。

B : おはよう ございます。わたしは きむらです。○○ホテルの ベルマンです。

 どうぞ よろしく おねがいします。

단어체크

かんこく(韓国) 한국 ∣ ホテル(ほてる) 호텔 ∣ にほん(日本) 일본 ∣ だいがく(大学) 대학(교)
こうくう(航空) 항공 ∣ めんぜいてん(免税店) 면세점 ∣ カジノ(かじの) 카지노 ∣ がくせい(学生) 학생
ベルマン(べるまん) 벨맨 ∣ ガイド(がいど) 가이드

제1과 연습문제

1. 다음은 발음대로 한국어로 쓴 것입니다. ひらがな로 고쳐보시오.

1) 아레와 난데스까? _____

2) 니혼진데스카? _____

3) 와타시노 카방데스. _____

4) 카이샤잉데스까? _____

2. 다음 문장들은 잘못된 것입니다. 바르게 고치시오.

1) ロッテの ホテルです. (롯데 호텔입니다)

2) かんこくの 한겨레の しんぶんです. (한국의 한겨레 신문입니다)

3) わたしは ○○だいがく がくせいです。 (저는 ○○대학교 학생입니다)

4) わたしは きむらさんです。 (저는 키무라입니다)

3. 한국어를 일본어로 고치려고 합니다. 빈칸에 알맞은 단어를 채우시오.

1) 키무라씨는 사쿠라 여행사 인솔자입니다.

   きむらさん___さくら りょこうしゃ___てんじょういん _____。

2) 타나카씨도 가이드십니까?

   たなかさん____ガイド_____。

3) 저야말로 잘 부탁드리겠습니다.

   _____よろしく。

4) 아니오, 저는 인솔자입니다.

　　_____, わたしは てんじょういんです。

4. 테이프를 듣고 빈칸을 채워 문장을 완성하시오.

1) _____ よろしく おねがいします。

2) <ruby>キム<rt>きむ</rt></ruby>さんは _____ですか。

3) わたしは さくら _____の きむらです。

4) わたしの かいしゃは にほん_____です。

5. 테이프를 듣고 정확한 발음의 단어를 고르시오.

1) ① ようじ (일, 용건)　　　　② よじ (4시)

2) ① おばあさん (할머니)　　② おばさん (아주머니)

3) ① しょうめい (증명)　　　② しょめい (서명)

4) ① ようやく (요약)　　　　② よやく (예약)

6. 테이프를 듣고 대답하시오.

1) 키무라씨의 직업은?

2) 타나카씨의 회사는?

읽을거리 2. 일본의 산과 강

　일본하면 가장 먼저 떠오르는 후지산은 東京에서 서쪽으로 약 100킬로미터 떨어진 곳에 있으며 남쪽으로는 시즈오카현, 북쪽으로는 야마나시현에 속한다. 수차례의 분화를 하는 동안 지금의 모습을 하게 되었는데 가장 최근의 분화는 1707년에 산 중턱의 분화였다.

　지금은 쉬고 있는 휴화산이며 북측에는 다섯 개의 아름다운 호수가 있어서 후지고코(富士五湖)라고 한다. 후지산의 윗부분에는 초목이 자라지 않으며, 1년 내내 눈이 덮여 있는 곳도 있다. 일반인들이 후지산에 오를 수 있는 기간은 7월초부터 8월말까지이다.

　후지산은 일본인들이 가장 자랑스럽게 생각하여 정초에 후지산을 꿈에 보면 일 년 동안 운수가 좋다고 전해진다.

　한편, 일본은 산이 많고 바다 가까이까지 산지인 곳이 많기 때문에 강은 보통 짧은 편이다. 일본에서 가장 긴 강은 길이가 367킬로미터인 시나노가와(信濃川)이다.

　일본의 강은 짧고 흐름이 빨라서 강에는 물이 그리 많지 않다. 그러나 장마(梅雨)때나 태풍이 올 때는 물이 갑자기 불어서 범람하는 수가 있다.

第2課。

これは なんですか。

第2課。これは なんですか。

▎공항에서의 출국절차와 입국절차는 어떻게 이루어질까요?

손님들이 한국에 도착하여 세관검사를 받고 있다.

> たなか　：こんにちは。これは ぜいかん カードです。
>
> ぜいかん：それは なんですか。
>
> たなか　：これは おさけです。
>
> ぜいかん：あれも あなたの かばんですか。
>
> たなか　：いいえ, あの かばんは わたしの じゃありません。
>
> ぜいかん：はい, けっこうです。
>
> たなか　：あのう, すみません。おてあらいは どこですか。
>
> ぜいかん：あそこです。
>
> たなか　：ありがとう。

단어체크

こんにちは 안녕하세요(낮 인사) ┃ これ 이것(それ 그것, あれ 저것, どれ 어느 것)

ぜいかん カード 세관 카드(여행자 휴대품 신고서) ┃ ぜいかん(税関) 세관 ┃ なん(何) 무엇, おさけ(お酒) 술
も ~도 ┃ かばん 가방 ┃ あの~ 저~ ┃ の ~의 것 ┃ じゃありません ~의 것이 아닙니다.
けっこうです 괜찮습니다. 됐습니다. ┃ おてあらい(お手洗い) 화장실 ┃ どこ 어디
すみません 미안합니다. 저기요(사람을 부를 때)

제2과. 이것은 무엇입니까?

타나카 : 안녕하세요. 이것은 세관카드입니다.

세관 : 그것은 무엇입니까?

타나카 : 이것은 술입니다.

세관 : 저것도 당신의 가방입니까?

타나카 : 아니오, 저 가방은 제 것이 아닙니다.

세관 : 예, 됐습니다.

타나카 : 저, 화장실은 어딥니까?

세관 : 저기입니다.

타나카 : 고맙습니다.

체크 1. 0~9까지의 숫자 읽는 방법

0	1	2	3	4
ゼロ/まる	いち	に	さん	よん/し
5	6	7	8	9
ご	ろく	なな/しち	はち	きゅう/く

 체크 2. 전화번호 (でんわばんごう)

0(ゼロ)부터 9까지의 숫자만 있으면 읽을 수 있다. 발음할 때, 「2」, 「5」를 길게 발음하고, 「~에」에 해당하는 일본어는 「の」를 넣으면 된다. 다시 말해, 「0~9」까지를 「ぜろ, いち, にー, さん, よん, ごー, ろく, なな, はち, きゅう」로 읽으면 된다.

• 02-1234-5678 (ぜろにーの いちにーさんよんの ごーろくななはち)

 체크 3. これは なんですか

말하는 사람에 가까움		듣는 사람에 가까움		서로 멀리 떨어져 있음		정확치 않음	
これ	이것	それ	그것	あれ	저것	どれ	어느 것
ここ	여기	そこ	거기	あそこ	저기	どこ	어디
こちら	이쪽	そちら	그쪽	あちら	저쪽	どちら	어느 쪽
この+명사	이~	その+명사	그~	あの+명사	저~	どの+명사	어느~

- それは いくらですか。 　　　　　　(그것은 얼마입니까?)
- おてあらいは どこですか。 　　　　(화장실은 어디입니까?)
- あの たてものは ホテルです。 　　　(저 건물은 호텔입니다.)

단어체크

いくら 얼마　|　たてもの 건물

체크 4.　わたしのじゃありません。

앞서 「の」가 「~의」라는 의미로 사용되는 조사라 설명했는데, 이 밖에도 「~의 것」이라는 "소유"의 의미로도 사용된다.

- これは だれのですか。 　　　　　　(이것은 누구 것입니까?)
- それは さとうさんのです。 　　　　(그것은 사토씨 것입니다.)

단어체크

だれ 누구

체크 5.　わたしの じゃありません。

「じゃありません(~이 아닙니다)」은 「です」의 부정형이다.

「ではありません」이라고도 한다.

- わたしは ガイド じゃありません。 (나는 가이드가 아닙니다)
- それは おちゃ ではありません。　 (그것은 녹차가 아닙니다)

단어체크

おちゃ(お茶) 차(녹차)

제2과 회화연습

1. 다음 예문과 같이 옆 사람에게 전화번호를 물어보고 대답해 보시오.

A : すみません, あなたの でんわばんごうを おねがいします。

B : 016-461-0563です。

きむらさん　　　　　　　　(031-987-6543)

ロッテホテル　　　　　　　(롯데호텔 02-771-1000)
<small>ろって ほてる</small>

ハナ ツアー　　　　　　　(하나투어 1577-1233)
<small>は な　つ あ ー</small>

アシアナ こうくう　　　　(아시아나 항공 02-2669-8180)
<small>あ し あ な</small>

---

2. 다음 예문과 같이 회화문을 만들어 보시오.

예) たなかさんの ほん

　　질 문 : それは たなかさんの ほんですか。

　　대답1 : はい, これは たなかさんの ほんです。(たなかさんのです。)

　　대답2 : いいえ, これは たなかさんの ほん じゃありません。(たなかさんの
　　　　　　じゃありません)

1) せんせいの かばん

　　질문 : _____

　　대답 : _____

2) きむらさんの くるま

　　質問 : _____

　　대답 : _____

3) たなかさんの パスポート<ruby>パスポート<rt>ぱ す ぽ ー と</rt></ruby>

　　質問 : _____

　　대답 : _____

4) わたしの コーヒー<ruby>コーヒー<rt>こ ー ひ ー</rt></ruby>

　　質問 : _____

　　대답 : _____

단어체크

くるま(車) 자동차 ｜ パスポート(ぱすぽーと) 여권 ｜ コーヒー(こーひー) 커피

3. 예와 같이 옆 사람들에게 질문을 하고, 그 대답한 내용을 받아 적고, 맞는지 확인하세요.

　　Ａ : すみませんが、おなまえは なんですか。

　　Ｂ : わたしは たなかです。

　　Ａ : おすまいは どこですか。

　　Ｂ : とうきょうです。

　　Ａ : でんわばんごうも おねがいします。

　　Ｂ : 03-3341-1321です。

おなまえ?	たなか		
おすまい?	とうきょう		
でんわばんごう?	03−3341−1321		

단어체크

おなまえ(お名前) 성함 ｜ とうきょう(東京) 동경, 일본의 수도 ｜ おすまい(お住まい) 사시는 곳

4. **주어진 단어를 이용해 말해봅시다.**

A : すみません、<u>これ</u>は <u>おさけ</u>ですか。

B : はい、そうです。

A : <u>それ</u>も <u>おさけ</u>ですか。

B : いいえ、<u>これ</u>は <u>おさけ</u>じゃありません。<u>みず</u>です。

これ	それ	あれ	でんわ	とけい
こうちゃ	コーヒー	にほんごの	ほん	えいごの ほん

단어체크

단어 みず(水) 물 ｜ でんわ(電話) 전화 ｜ とけい(時計) 시계 ｜ こうちゃ(紅茶) 홍차 ｜ えいご(英語) 영어

제2과 연습문제

1. 다음 ( )안에 적당한 말을 고르시오.

1) これは きむらさん( )です。

    ① が   ② の   ③ も   ④ じゃ

2) きむらさん( ) てんじょういんです。

    ① は   ② に   ③ じゃ   ④ へ

3) きむらさんは ガイド( )ありません。

    ① に   ② も   ③ の   ④ じゃ

4) これも おさけですか。

  はい, それ( ) おさけです。

  いいえ, それ( ) おさけじゃありません。

  ① はーも   ② もーは   ③ はーは

  ④ もーも

2. 다음을 일본어로 고치시오.

1) 이 카드는 무엇입니까?   _____

2) 화장실은 저기입니다.   _____

3) 그 일본어 책은 제 것이 아닙니다.   _____

4) 저것은 타나카씨 가방입니다.   _____

3. 다음을 부정형태로 바꿔 보시오.

1) かんこくの キムチです。　　　　　＿＿＿＿＿＿＿＿＿＿＿＿＿＿

2) こうちゃです。　　　　　　　　　＿＿＿＿＿＿＿＿＿＿＿＿＿＿

3) わたしの かばんです。　　　　　＿＿＿＿＿＿＿＿＿＿＿＿＿＿

4) あれは がっこうです。　　　　　＿＿＿＿＿＿＿＿＿＿＿＿＿＿

단어체크

キムチ(きむち) 김치 | がっこう(学校) 학교

4. 다음 질문에 대답해 보시오.

1) すみません, これは なんですか。(でんわ)

　➡ ＿＿＿＿＿＿＿＿＿＿＿＿＿＿＿＿＿＿＿＿＿＿＿＿

2) すみません, それは なんですか。(にほんごの ほん)

　➡ ＿＿＿＿＿＿＿＿＿＿＿＿＿＿＿＿＿＿＿＿＿＿＿＿

3) すみません, あれは なんですか。(だいがく)

　➡ ＿＿＿＿＿＿＿＿＿＿＿＿＿＿＿＿＿＿＿＿＿＿＿＿

4) すみません, たなかさんの かばんは どれですか。(あれ)

　➡ ＿＿＿＿＿＿＿＿＿＿＿＿＿＿＿＿＿＿＿＿＿＿＿＿

5. 듣고 맞는 것을 고르시오.

A : ① とけい　　　② おけい　　　③ とけえ　　　④ おけえ

B : ① せいかん　　② せえかん　　③ ぜいかん　　④ ぜえかん

C : ① かいさいん　② かいしゃいん③ がいさいん　④ がいしゃいん

D : ① がっこ　　　② がこ　　　　③ がっこう　　④ がこう

6. 테이프의 질문을 듣고 주어진 말을 사용하여 일본어로 답하시오.

1) いいえ, ＿＿＿＿＿＿＿＿＿＿＿＿＿＿＿＿＿＿＿＿ 。

2) はい, それは＿＿＿＿＿＿＿＿＿＿＿＿＿＿＿＿＿＿ 。

3) はい, そのでんわは＿＿＿＿＿＿＿＿＿＿＿＿＿＿ 。

4) いいえ, あれは＿＿＿＿＿＿＿＿＿＿＿＿＿＿＿＿ 。

7. 테이프를 듣고 답하시오.

키무라씨와 타나카씨 것은 각각 무엇인가요?

키무라 : ＿＿＿＿＿＿＿＿＿＿　　　　타나카 : ＿＿＿＿＿＿＿＿＿＿

읽을거리 3. 일본의 인구와 이름

　일본의 인구는 1억 2천 699만 명(2000년, 国勢調査에 의함)으로, 세계에서 8번째로 인구가 많은 나라이다. 인구는 따뜻하고 교통산업이 발달된 태평양 쪽 해안에 집중되어 있다.

　현재, 일본인의 성(姓)은 11만 개나 된다고 하는데, 그 중에서 鈴木(すずき), 田中(たなか), 高橋(たかはし) 등이 많다.

　모든 일본인에 성과 이름이 붙여진 것은 명치유신 이후로서, 일반 서민은 메이지시대 이전까지는 이름만 있었다.

　「すずき ひでおさん」에서 「すずき」가 성(姓)이고 「ひでお」가 이름이다. 「さん」은 보통 「すずきさん」처럼 상대의 성에 많이 붙여 사용한다.

第3課。

いくらですか。

第3課。 いくらですか。

관광객에 있어 쇼핑이란 하나의 관광요소라 할 수 있습니다.
많은 관광객들이 이용하는 면세점에 대해 알아봅시다.

타나카씨와 키무라씨가 면세점에서 상품을 구매하고 있다.

たなか　：すみません。これを ください。いくらですか。

てんいん：ちょっと まって ください。それは 13,000ウォンです。

たなか　：13,000ウォンですね。
　　　　　それから，この かばんも ください。

てんいん：はい，その かばんは 105,500ウォンです。

たなか　：じゃ，ぜんぶで いくらですか。

てんいん：はい，ありがとうございます。 とけいと かばんですね。 ぜんぶで，
　　　　　118,500ウォンです。

たなか　：はい，12まんウォンです。

てんいん：あのう，パスポートも おねがいします。

きむら　：たなかさん，ひこうきの とうじょうは 2じ までですよ。いそいでくだ
　　　　　さい。

たなか　：あ，すみません。

제3과. 얼마입니까?

타나카 : 저기요, 이것을 주세요. 얼마입니까?

점원 : 잠시만 기다려주세요. 그것은 13,000원입니다.

타나카 : 13,000원요?
　　　　그리고, 이 가방도 주세요.

점원 : 예, 그 가방은 105,500원입니다.

타나카 : 그럼, 모두 얼마입니까?

점원 : 예, 감사합니다. 시계와 가방이죠? 모두 118,500원입니다.

타나카 : 예, 12만원입니다.

점원 : 저, 여권도 부탁합니다.

키무라 : 타나카씨, 비행기 탑승은 2시까지예요. 서둘러 주세요.

타나카 : 아, 미안합니다.

단어체크

ください 주세요 ｜ ちょっと まって ください 잠시만 기다려 주세요 ｜ ウォン(うぉん) 원(한국 화폐 단위)
それから 그리고, 그리고 나서 ｜ ください 주세요 ｜ じゃ 그럼, 그러면(➡では) ｜ ぜんぶで 전부해서, 모두해서
ありがとうございます 감사합니다 ｜ と ～와, ～과 ｜ ひこうき(飛行機) 비행기 ｜ とうじょう(搭乗) 탑승
2じ(時) 2시 ｜ まで ～까지 ｜ いそいでください 서두르세요.

 체크 1. 숫자 읽기

기본적으로 "십", "백", "천", "만" 단위는 각각 "じゅう", "ひゃく", "せん", "まん" 으로 읽는 것을 기억해야 한다.

10	じゅう	15	じゅうご
11	じゅういち	16	じゅうろく
12	じゅうに	17	じゅうなな
13	じゅうさん	18	じゅうはち
14	じゅうよん	19	じゅうきゅう
20	にじゅう	60	ろくじゅう
30	さんじゅう	70	ななじゅう
40	よんじゅう	80	はちじゅう
50	ごじゅう	90	きゅうじゅう
100	ひゃく	600	ろっぴゃく
200	にひゃく	700	ななひゃく
300	さんびゃく	800	はっぴゃく
400	よんひゃく	900	きゅうひゃく
500	ごひゃく		
1,000	せん	6,000	ろくせん
2,000	にせん	7,000	ななせん
3,000	さんぜん	8,000	はっせん
4,000	よんせん	9,000	きゅうせん
5,000	ごせん		

만 단위부터는 발음이 달라지는 것은 없다.

- 10,000 (いちまん)
- 1,000,000 (ひゃくまん)
- 100,000,000 (いちおく)
- 100,000 (じゅうまん)
- 10,000,000 (いっせんまん)

체크 2. 2じ まで ですよ。

なんじ(何時 몇 시) : 「시」는 「じ」라고 읽는다.

1시	2시	3시	4시	5시	6시
いちじ	にじ	さんじ	よじ	ごじ	ろくじ
7시	8시	9시	10시	11시	12시
しちじ	はちじ	くじ	じゅうじ	じゅういちじ	じゅうにじ

참고: 오전 ごぜん(午前)　　오후 ごご(午後)　　반 (30분) はん(半: さんじゅっぷん)

「분(分)」과 관련해서는 5과에서 설명하기로 하며, 다만 「10분」은 「じゅっぷん」이 라 발음하면 된다는 것만 알아두자. 즉 20분은 「じゅっぷん」 앞에 「に」를 붙여 「に じゅっぷん」이라 발음하면 된다.

- いま なんじですか。　　　　　　　(지금 몇 시입니까?)
- しょくじは 6じ 30ぷんまでです。　(식사는 6시30분까지입니다.)

단어체크

いま(今) 지금　　しょくじ(食事) 식사

 체크 3. 2じ まで ですよ。

「から(부터)」와 「まで(까지)」는 시간이나 장소 등의 시작과 끝을 나타내는 조사이다.

- あしたから やすみです。　　　　　(내일부터 휴일입니다.)
- レストランは なんじまでですか。　(레스토랑은 몇 시까지입니까?)
- 2じから 3じまでです。　　　　　　(2시부터 3시까지입니다.)

단어체크

あした(明日) 내일　|　やすみ(休み) 휴일, 휴가　|　レストラン(れすとらん) 레스토랑

제3과 회화연습

1. 주어진 단어를 통해 다음과 같이 회화를 만들어 보시오.

A : すみません, この ラーメンを ください。
B : はい, ありがとう ございます。
A : いくらですか。
B : 340えんです。

ラーメン	カルビ	ビビンバ	すきやき
¥340	¥1,500	¥1,000	¥2,100

단어체크

ラーメン(らーめん) 라면 | カルビ(かるび) 갈비 | ビビンバ(びびんぱ) 비빔밥 | すきやき 전골

2. 예와 같이 옆 사람에게 질문을 하고, 그 대답한 내용을 적어 보세요.

A : おなまえを おねがいします。　　　B : きむらです。
A : おいくつですか。　　　　　　　　　B : 21です。
A : きむらさんは なんねんせいですか。　B : 1ねんせいです。

きむら씨 21살 1학년	さとう씨 33살 4학년	たなか씨 20살 2학년	なかむら씨 24살 3학년

[참고]　1. 나이를 얘기할 때, 숫자만 얘기해도 된다. 단, 20살만은 はたち라고 한다.
　　　　　　(にじゅう라고 하지 않는다.)
　　　　2. 「숫자+ねんせい(年生)」는 ~학년이라는 의미이다.
　　　　　　1학년 いちねんせい, 2학년 にねんせい, 3학년 さんねんせい, 4학년 よねんせい

단어체크

おいくつ 몇 살　|　はたち(二十歳) 20살　|　~ねんせい(年生) ~학년

3. **다음 회화와 같이 주어진 말을 이용해서 말해 보시오.**

A : デパートは なんじからですか。

B : ごぜん 10じ 30ぷんからです。

A : なんじまでですか。

B : ごご 8じまでです。デパートは ごぜん 10じ 30ぷんから ごご 8じまでです。

	Duty Free	MOVIE	
デパート	めんぜいてん	えいがかん	せんとう
AM 10:30~PM 8:00	AM 9:30~PM 9:00	AM 9:00~PM 11:00	AM 11:30~PM 11:30

단어체크

デパート(でぱーと) 백화점　|　えいがかん(映画館) 극장　|　せんとう(銭湯) (공중)목욕탕

제3과 연습문제

1. 다음 그림을 보고 얼마인지 빈칸에 한 글자씩 넣어 보시오.

¥360	コーヒーは いくらですか。 コーヒーは ☐☐☐☐☐☐☐☐☐☐ えんです。
¥870	すしは いくらですか。 すしは ☐☐☐☐☐☐☐☐☐ えんです。
¥115만엔	くるまは いくらですか。 くるまは ☐☐☐☐☐☐☐☐ えんです。
¥43,200	けいたいでんわは いくらですか。 けいたいでんわは ☐☐☐☐☐☐☐☐☐☐☐ えんです。
¥1,540	ステーキは いくらですか。 ステーキは ☐☐☐☐☐☐☐☐☐☐えんです。

단어체크

すし(寿司) 초밥 ｜ けいたいでんわ(携帯電話) 핸드폰 ｜ ステーキ(すてーき) 스테이크

2. 다음 ひらがな를 カタカナ로 바꿔 쓰시오.

1) ぱすぽーと(여권)　　　　　_____

2) べるまん(벨맨)　　　　　_____

3) ほてる(호텔)　　　　　_____

4) かじの(카지노)　　　　　_____

3. 다음 ( )안에 적당한 단어를 넣어 회화를 완성하시오.

1)　A : すみません, いま (　　　　)ですか。

　　B : 10じです。

2)　A : これは (　　　)ですか。

　　B : 1500えんです。

3)　A : あなたは (　　　　)ですか。

　　B : 22です。(=22歳です。)

4)　A : かんこくの ぎんこうは (　　)からですか。

　　B : ごぜん 10じからです。

4. 테이프를 듣고 바른 것을 고르시오.

1)　① かんこく　　　　② がんこく

2)　① かき　　　　② かぎ

3)　① くき　　　　② くうき

4)　① つき　　　　② つぎ

5. 테이프를 듣고 몇 시인지 적어보시오.

1) _____

2) _____

3) _____

4) _____

6. 테이프를 듣고 빈칸에 숫자를 채워 넣으시오.

1) 02-(　　　　)-1079

2) 017-332-(　　　　)

3) 3,(　)10円

4) (　　),050円

7. 테이프를 듣고 질문에 답하시오.

1) かんこく ホテルの でんわばんごうは?

2) コーヒーは いくらですか。

3) うどんは いくらですか。

단어체크

ぎんこう(銀行) 은행 ｜ ごちゅうもん(ご注文) 주문 ｜ うどん 우동

第4課。

サウナでも 一緒に どうですか。

第4課。 サウナでも一緒に どうですか。

호텔은 등급이 있으며, 등급에 따라 갖추고 있는 부대시설들에 차이가 있습니다.
여러분이 알고 있는 호텔의 부대시설은 어떤 것들이 있는지 알아봅시다.

타나카씨와 키무라씨가 사우나에 가려고 한다.

田中　　　　：木村さん, サウナでも一緒に どうですか。

木村　　　　：ええ, いいですね。

田中　　　　：すみません。ここが サウナですか。

ホテルマン：いいえ, ここは 美容院で, サウナは あそこです。

　　　　　　でも, サウナは 今日, 休みです。

田中　　　　：あ, そうですか。

ホテルマン：ええ, 毎週 月曜日は 休みです。

田中　　　　：じゃ, 明日は 何時からですか。

ホテルマン：あさ 7時30分から 夜 10時までです。

田中　　　　：わかりました。どうも ありがとう。

제4과. 사우나라도 같이 가실래요?

타나카　　 : 키무라씨, 사우나라도 같이 가실래요?

키무라　　 : 예, 좋지요.

타나카　　 : 저기요. 여기가 사우나입니까?

호텔직원 : 아니오, 여기는 미장원이고, 사우나는 저기입니다.
　　　　　　 그렇지만, 사우나는 오늘 휴일입니다.

타나카　　 : 아, 그렇습니까?

호텔직원 : 예, 매주 월요일은 휴일입니다.

타나카　　 : 그럼, 내일은 몇 시부터입니까?

호텔직원 : 아침 7시 30분부터 저녁 10시까지입니다.

타나카　　 : 알겠습니다. 감사합니다.

단어체크

サウナ(さうな) 사우나 ｜ でも(명사 다음에 붙어)~이라도, ~이나 ｜ いっしょに(一緒) 함께, 같이
どうですか 어떠세요? ｜ いいですね 좋지요, 좋군요 ｜ が ~이, ~가 ｜ びよういん(美容院) 미용실, 미장원
で ~이고 ｜ でも 그렇지만, 하지만 ｜ きょう(今日) 오늘 ｜ まいしゅう(毎週) 매주
げつようび(月曜日) 월요일 ｜ あさ(朝) 아침 ｜ よる(夜) 저녁

체크 1. ここは 美容院で, サウナはあそこです。

두 문장을 한 문장으로 만들 때 「です」 대신 「で(~이고, ~이며)」를 넣어주면 된다.

- 木村さんは 日本人です。 + 木村さんは ロッテホテルの ドアマンです。

  (키무라씨는 일본인입니다.) (키무라씨는 롯데호텔의 도어맨입니다.)

  ➡ 木村さんは 日本人で, ロッテホテルの ドアマンです。

  (木村 씨는 일본인이고, 롯데호텔의 도어맨입니다)

- わたしは 2年生です。 + わたしの しゅみは どくしょです。

  (나는 2학년입니다.) (나의 취미는 독서입니다.)

  ➡ わたしは 2年生で, しゅみは どくしょです。

  (저는 2학년이고, 취미는 독서입니다.)

단어체크

ドアマン(どあまん) 도어맨 ｜ 2年生 2학년 ｜ しゅみ(趣味) 취미 ｜ どくしょ(読書) 독서

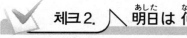 체크 2. 明日は 何時からですか。

なんぷん(何分) : 「분」은 앞에 오는 말에 따라「ふん」 또는 「ぷん」으로 읽는다.

1분	2분	3분	4분	5분
いっぷん	にふん	さんぷん	よんぷん	ごふん
6분	**7분**	**8분**	**9분**	**10분**
ろっぷん	ななふん	はっぷん	きゅうふん	じゅっぷん
20분	**30분**	**40분**	**50분**	**60분**
にじゅっぷん	さんじゅっぷん	よんじゅっぷん	ごじゅっぷん	ろくじゅっぷん

- 午前 9時 35分の 飛行機です。　　　(오전 9시 35분 비행기입니다.)
- 10時 10分 前です。　　　　　　　(10시 10분 전입니다.)

단어체크

前 (시간 다음에 사용하여) 전

 체크 3.　毎週 月曜日は 休みです。

시간이나 기간과 관련한 어휘들을 정리하면 다음과 같다.

おととい (一昨日) 그저께	きのう (昨日) 어제	きょう (今日) 오늘	あした (明日) 내일	あさって (明後日) 모레	まいにち (毎日) 매일
せんせんしゅう (先々週) 지지난 주	せんしゅう (先週) 지난 주	こんしゅう (今週) 이번 주	らいしゅう (来週) 다음 주	さらいしゅう (再来週) 다다음 주	まいしゅう (毎週) 매주
せんせんげつ (先々月) 지지난 달	せんげつ (先月) 지난 달	こんげつ (今月) 이 달	らいげつ (来月) 다음 달	さらいげつ (再来月) 다다음 달	まいげつ (毎月) 매 달
おととし (一昨年) 재작년	きょねん (去年) 작년	ことし (今年) 금년	らいねん (来年) 내년	さらいねん (再来年) 내후년	まいとし (毎年) 매년

❏ なんようび(무슨 요일)

げつようび 월요일	かようび 화요일	すいようび 수요일	もくようび 목요일	きんようび 금요일	どようび 토요일	にちようび 일요일

요일은 일본어로는 「ようび」라고 읽는다.

또한, 「월화수목금토일」은 「げつ か すい もく きん ど にち」라고 읽으면 된다.

- 今日は なんようびですか。 (오늘은 무슨 요일입니까?)

- 明日は げつようびです。 (내일은 월요일입니다.)

- 今日は すいようび じゃありません。 (오늘은 수요일이 아닙니다.)

 체크 4. ここが サウナですか

「が」는 「〜이, 〜가」라는 의미의 조사이다.

- お客様, ここが ロビーです。 (손님, 여기가 로비입니다.)

- お客様, あそこが フロントです。 (손님, 저기가 프런트입니다.)

단어체크

おきゃくさま(客様) 손님 | ロビー 로비 | フロント 프런트

제4과 회화연습

1. 다음 예와 같이 두 문장을 한 문장으로 바꿔 말해 봅시다.

> 예) わたしは ドアマン^{どあまん}です。こちらは ベルマン^{べるまん}です。
>
> ➡ わたしは ドアマンで, こちらは ベルマンです。

1) これは ミニバー^{みにばー}です。　　あれは れいぞうこです。

　➡ _____

2) こちらは フロント^{ふろんと}です。　　あちらは ロビー^{ろびー}です。

　➡ _____

3) 金^{キム}さんは 韓国人^{かんこくじん}です。　　お客様^{きゃくさま}です。

　➡ _____

단어체크

ミニバー(mini bar) 미니 바 ｜ れいぞうこ(冷蔵庫) 냉장고

2. 다음 회화와 같이 주어진 말을 이용해서 말해 봅시다.

A : すみません。今^{いま} 何時^{なんじ}ですか。

B : <u>10時^じ</u>です。

A : <ruby>今日<rt>きょう</rt></ruby>は なんようびですか。

B : げつようびです。

09:25	テスト	かようび
16:00	<ruby>明日<rt>あした</rt></ruby>	どようび
19:50	<ruby>田中<rt>たなか</rt></ruby>さんの けっこんしき	にちようび

3. 다음 세계지도를 보면서 해당 지역이 몇 시인지 옆 사람과 회화를 해보시오.

A : ソウルは <ruby>今<rt>いま</rt></ruby> <ruby>何時<rt>なんじ</rt></ruby>ですか。

B : <ruby>午後<rt>ごご</rt></ruby> 12<ruby>時<rt>じ</rt></ruby>です。

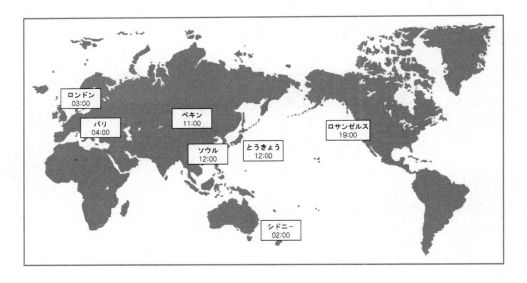

4. 예와 같이 옆 사람에게 주어진 단어를 사용하여 권해봅시다.

> 예) 金さん, サウナでも 一緒_{いっしょ}に どうですか。

1) お酒_{さけ}　　2) コーヒー　　3) 映画_{えいが}　　4) 食事_{しょくじ}

읽을거리 4. 지진

　　일본 전 지역이 지진대로 되어 있으므로, 지진의 발생률이 세계 어느 지역보다 높다. 연간 몸으로 느껴지는 정도의 지진이 발생하는 횟수만도 1,450여 회이고, 몸으로 느끼지는 못하지만 지진계에 나타난 지진까지 합한다면 1년에 4,000~10,000여 회의 지진이 발생한다고 한다. 특히, 1923년 東京을 중심으로 진도 7.0 이상의 대지진이 일본 곳곳에 십여 차례나 일어나 인명 및 재산에 많은 피해를 주었다.

　　일본에서는 70년마다 대지진이 일어난다는 '70년 주기설'이 있다. 1923년에 관동 대지진이 있었고, 1995년 1월 17일의 고베 대지진도 약 70년 만에 일어났다는 것이다.

　　도쿄 시는 위험 지역으로 지정된 지구 내에 있는 건물들의 안전을 위해 정기적 검사를 시행하고 있다. 학교와 작업장에선 일 년 동안 수차례 대피 훈련이 행해진다. 어떤 가정은 마시는 물이나 건조시킨 음식 같은 위험시 필수적인 물품을 담은 배낭을 항상 준비해 놓고 있다.

제4과 연습문제

1. 해당되는 것끼리 선을 이으시오.

3時 51分 •	• しちじ さんぷん
7時 3分 •	• さんじ ごじゅういっぷん
9時 22分 •	• よじ よんじゅうごふん
10時 半 •	• じゅうじ はん
4時 45分 •	• くじ にじゅうにふん

2. 다음 그림을 보고 질문에 답하시오.

	いま, なんじですか。
	いま, なんじですか。
	いま, なんじですか。
	いま, なんじですか。
	いま, なんじですか。

3. 다음 질문에 답하시오.

1) 今日は なんようびですか。

2) 学校は 何ようびから 何ようびまでですか。

3) 日本語の じゅぎょうは 何時から 何時までですか。

4) 今日は にちようびです。明日は 何ようびですか。

5) 今日は すいようびです。テストは あさってからです。テストは 何ようびからですか。

단어체크

じゅぎょう(授業) 수업

---

4. 들려주는 요일과 시간을 적어보시오.

1) _____ 2) _____

3) _____ 4) _____

---

5. 테이프를 듣고 질문에 답하시오.

1) テストは なんじからですか。　　　　정답 : _____

2) 中村さんの お誕生日は 何曜日ですか。　　정답 : _____

3) ドイツは 今 何時ですか。　　　　정답 : _____

단어체크

もう 벌써, 이미 | たいへん 큰일이다 | どうして 왜, 어째서 | 実は 실은 | お誕生日 (남의) 생일
ですから ~이니까요 | もしもし 여보세요 | ドイツ 독일 | おやすみなさい 안녕히 주무세요

읽을거리 5. 일본인의 식사예절

(1) 밥공기는 손에 들고 먹는다.

일본인의 식사법 중 가장 눈에 띄는 특징 중의 하나는 식사를 할 때 밥공기를 손에 들고 먹는다는 것이다. 우리나라에서는 밥공기를 들고 먹으면 어른들께 혼나기 쉽지만 일본에서는 손에 들고 먹는 것이 습관화되어 있다.

(2) 젓가락을 사용해서 음식을 주고받지 않는다.

일본에서는 우리나라나 중국처럼 친한 사람끼리 음식을 집어 주지 않는다. 일본에서는 사람이 죽으면 대개 화장을 하는데, 이 때 남은 뼈를 젓가락으로 집어 항아리에 넣는 풍습이 있기 때문에 일본인은 누가 젓가락으로 음식을 집어 주는 것을 싫어한다고 한다.

(3) 국도 젓가락으로 먹는다.

일본인들은 국을 먹을 때도 숟가락을 사용하지 않는다. 속에 있는 건더기는 젓가락을 사용하여 집어 먹고, 국물을 마실 때는 국그릇을 들고 입에 대고 마시는 것이 예의이다. 숟가락은 죽이나 국밥, 계란찜처럼 젓가락으로 집을 수 없는 요리나 오므라이스, 카레라이스 등을 먹을 때만 사용한다.

(4) 술은 한 손으로 따른다.

일본에서는 술을 한 손으로 따르는 것이 일반적이다. 또한 우리나라에서는 잔을 모두 비우고 상대에게 술을 받는 것이 예의로 통하지만 일본에서는 상대의 잔을 계속 채워 주는 것이 예의이다.

第5課。

みなさま，韓国へ ようこそ。

第5課。みなさま，韓国へ ようこそ。

일반적으로 방한한 일본인 관광객의 일정은 다른 국적의 일정과 달리 짧다고 합니다.
그 이유는 무엇일까요? 그리고 그 일정 동안 어떤 관광지를 많이 방문하는지 알아봅시다.

공항에서 관광통역안내사가 손님들과 첫 미팅을 갖고 있다.

ガイド　：みなさま，韓国へ ようこそ。

　　　　　私は ソウルツアーの ガイド，고은수と 申します。

　　　　　今日から 9月 1日までの 3泊4日の スケジュールですね。

　　　　　よろしく おねがいします。

田中　　：あのう，今日の ホテルは どこですか。

ガイド　：今日と 明日は ロッテホテルです。それから 今日の 夕ごはんは カル

　　　　　ビです。

田中　　：ホテルまでは どのくらいですか。

ガイド　：バスで 1時間 20分 ぐらいです。

田中　　：わかりました。ところで，今日は 本当に いい天気ですね。

ガイド　：ええ，そうですね。昨日までは 雨でしたが。

田中　　：じゃ，ここで 写真を お願いします。

제5과. 여러분, 한국에 잘 오셨습니다.

가이드 : 여러분, 한국에 잘 오셨습니다.
　　　　저는 서울 투어의 가이드, 고은수라고 합니다.
　　　　오늘부터 9월 1일까지 3박4일 일정이시죠?
　　　　잘 부탁드립니다.

타나카 : 저, 오늘 호텔은 어디입니까?

가이드 : 오늘과 내일은 롯데 호텔입니다. 그리고 오늘 저녁식사는 갈비입니다.

타나카 : 호텔까지는 어느 정도입니까?

가이드 : 버스로 1시간 20분 정도입니다.

타나카 : 알겠습니다. 그런데, 오늘은 정말 좋은 날씨이군요.

가이드 : 예, 그렇습니다. 어제까지는 비가 내렸습니다만.

타나카 : 그럼, 여기서 사진을 부탁드리겠습니다.

단어체크

みなさま(皆様) 여러분 ｜ へ ~에, ~로 ｜ ようこそ 잘 ｜ と 申します ~라고 합니다. ｜ 3泊4日 3박4일

スケジュール 일정 ｜ ですね ~이시죠? ｜ 夕ごはん 저녁식사(朝ごはん 아침식사, 昼ごはん 점심식사)

くらい (ぐらい) 정도, 가량 ｜ で ~으로, ~에서 ｜ ところで 그런데 ｜ 本当に 정말로

いい天気ですね 날씨가 좋군요 ｜ 雨 비 ｜ でした ~였습니다. ｜ 写真 사진

체크 1. みなさま, 韓国へ ようこそ。

일반적으로 「さん」이라는 의미는 한국어의 「~씨」에 해당하는 말이다. 따라서 손님들에게는 사용하기 적당치 않고, 「~님」에 해당하는 「さま」를 사용하는 편이 좋다.

- みなさん ➡ みなさま (여러분)
- お客さん ➡ お客様 (손님)
- たなかさん ➡ たなかさま (타나카 님)

 체크 2. 고 은수と 申します。

일본어로 자기 이름을 상대방에게 소개할 때, 「~です」보다는 「~と 申します」라고 하는 편이 좀 더 정중하다. 「と 申します」는 「~라고 합니다」라는 경어표현이다.

- 私は 한국大学の 1年生, 박 미성と 申します。

 체크 3. どの くらいですか。

どの(어느) + くらい(정도)가 연결되어 「어느 정도, 얼마나」라는 의미를 나타낸다. 일반적으로 명사 다음에 사용할 경우에는 「ぐらい」라고 표현을 한다.

- この くらいの 大きさです。 (이 정도 크기입니다.)
- 一日 ぐらいです。 (하루 정도입니다.)

단어체크

大きさ 크기 ｜ 一日 하루

✔ 체크 4. ＼ 날짜

□ **몇 월 (何月)?**

1月	2月	3月	4月	5月	6月
いちがつ	にがつ	さんがつ	しがつ	ごがつ	ろくがつ
7月	8月	9月	10月	11月	12月
しちがつ	はちがつ	くがつ	じゅうがつ	じゅういちがつ	じゅうにがつ

□ **몇 일 (何日)?**

1日	2日	3日	4日	5日
ついたち	ふつか	みっか	よっか	いつか
6日	7日	8日	9日	10日
むいか	なのか	ようか	ここのか	とおか
11日	12日	13日	14日	15日
じゅういちにち	じゅうににち	じゅうさんにち	じゅうよっか	じゅうごにち
16日	17日	18日	19日	20日
じゅうろくにち	じゅうしちにち	じゅうはちにち	じゅうくにち	はつか
21日	22日	23日	24日	25日
にじゅういちにち	にじゅうににち	にじゅうさんにち	にじゅうよっか	にじゅうごにち
26日	27日	28日	29日	30日
にじゅうろくにち	にじゅうしちにち	にじゅうはちにち	にじゅうくにち	さんじゅうにち
31日				
さんじゅういちにち				

• クリスマスは 12月 25日です。　　　　(크리스마스는 12월 25일입니다.)

• わたしの たんじょうびは 7月 4日です。 (제 생일은 7월 4일입니다.)

단어체크

何月 몇 월　何日 몇 일　クリスマス 크리스마스　たんじょうび 생일

체크 5. ここで 写真を お願いします。

여기서의 조사 「で」는 「~에서(장소)」라는 의미로 사용된다.

□ 「~에서(장소)」
- ホテルの ロビーで 6時の 約束です。　　　(호텔 로비에서 6시 약속입니다.)

□ 「~으로(수단)」
- 日本までは 飛行機で 2時間です。

단어체크

ロビー 로비 ｜ 約束 약속

 체크 6. 昨日までは 雨でしたが

문장을 과거형태로 나타내기 위해서는 「です」를 「でした」로 바꿔주면 된다. 한편, 과거의 일을 부정할 때는 「じゃありませんでした(~이 아니었습니다)」로 바꾼다.

- 私はガイドです。　　　　　　　　(나는 가이드입니다.)
- 私はガイドでした。　　　　　　　(나는 가이드였습니다.)
- 私はガイドじゃありませんでした。 (나는 가이드가 아니었습니다.)

문장 마지막에 「か」를 붙이면 의문형이지만, 「が」를 붙이면 「~이지만, ~인데」라는 의미의 역접조사이다. 앞 뒤 문장은 반대되는 내용으로 이루어진다.

제5과 회화연습

1. 예와 같이 주어진 말을 사용해서 옆 사람과 대화를 해 보시오.

A : 今日は 何月 何日ですか。

B : 5月 18日です。

    1) お誕生日?　　　　　　　2) 子供の日?

    3) 昨日?　　　　　　　　　4) 先週の月曜日?

 단어체크

子供 어린이 ｜ 日 날

2. 주어진 단어를 활용하여 다음과 같이 옆 사람과 대화해 보세요.

A : (ホテル)までは (バスで) どのくらいですか。

B : (バスで) (1じかん)ぐらいです。

목적지	수단	소요시간
免税店 民俗村 ソウル 博物館	タクシーで 電車で 飛行機で 船で 地下鉄で 歩いて	1時間 2時間 10分 20分 30分

단어체크

民俗村 민속촌 ┃ 博物館 박물관 ┃ タクシー 택시 ┃ 電車 전철 ┃ 地下鉄 지하철 ┃ 歩いて 걸어서

3. 여러분은 일본인 손님을 맞이하려 합니다. 다음과 같이 자기소개를 해 보세요.

(①   ), (②   )へ ようこそ。

わたしは (③   )の (④   )と もうします。

よろしく お願いします。

①	②	③	④
みなさま お客さま 田中さま	韓国 ソウル ロッテホテル 〇〇大学	ガイド ベルマン 学生	자신의 이름

제5과 연습문제

1. 다음 (   )안에 알맞은 조사를 넣으시오.

1) 휴일은 오늘부터 내일까지입니다.

休み(   )今日(   )明日(   )です。

2) 이것은 제 여권입니다.

これ(   )私(   )パスポートです。

3) 키무라씨도 이 호텔의 벨맨입니까?

木村さん(   )この ホテル(   )ベルマンですか。

4) 일본의 백화점도 8시까지입니까?

日本(   )デパート(   )8時(   )ですか。

2. 다음을 일본어로 고치시오.

1) 어제 저녁식사는 갈비였습니다.

➡ _____

2) 일정은 오늘부터 5월 14일까지입니다.

➡ _____

3) 경복궁까지는 지하철로 1시간 정도입니다.

➡ _____

4) 저는 롯데 여행사의 인솔자, 김영진이라고 합니다.

➡ _____

3. 다음은 일본의 축일이다. 물음에 답하시오.

日本のしゅくじつ	
1月　1日 元旦(설날)	5月　5日 子供の 日(어린이의 날)
1月 15日 成人の 日(성인의 날)	9月 15日 敬老の 日(경로의 날)
2月 11日 建国記念の 日(건국기념일)	9月 23日 秋分の 日(추분)
3月 21日 春分の 日(춘분)	10月 10日 体育の 日(체육의 날)
4月 29日 みどりの 日(녹색의 날)	11月　3日 文化の 日(문화의 날)
5月　3日 憲法 記念日(헌법기념일)	11月 23日 勤労感謝の 日(근로감사의 날)
5月　4日 国民の 休日(국민의 휴일)	12月 23日 天皇誕生日(천황탄생일)

1) みどりの 日は いつですか。

2) じゅういちがつ みっかは 何の 日ですか。

3) 体育の 日は いつですか。

4) ごがつ みっかは 何の 日ですか。

5) 子供の 日は いつですか。

단어체크

何の日 무슨 날 ｜ いつ 언제

4. 테이프를 듣고 빈칸에 날짜를 적으시오.

1) 中村さんの お誕生日は (　　月　　日)です。

2) テストは (　　月　　日)からです。

3) 旅行は (　　月　　日)からです。

4) 今日は (　　月　　日)です。

단어체크

テスト 시험 ｜ 旅行 여행

5. 여러분의 일정이 적혀있는 다음 달력을 보고 물음에 답하시오.

4月						
月	火	水	木	金	土	日
					1	2
3	4	5 私の誕生日	6	7	8	9
10	11	12	13	14 今日	15 デート	16 休み
17 テスト	18 テスト	19 テスト	20 テスト	21	22	23
24	25	26	27	28 旅行	29 旅行	30

1) _____

2) _____

3) _____

4) _____

5) _____

6. 테이프를 듣고 질문에 답하시오.

1-1) きむらさんの デートは いつですか。

➡ _____

1-2) にほんの クリスマスは 休_{やす}みですか。

➡ _____

2) 木村_{き むら}さんの おたんじょうびは いつですか。

➡ _____

단어체크

彼女_{か の じょ} 그녀, 여자친구 │ デート 데이트 │ 本当_{ほん とう}ですか。 정말이예요?

第6課。

どこに ありますか。

第6課。どこに ありますか。

관광에는 필수적으로 이동이라는 요소가 포함되어야 합니다.
그런 의미에서 여기서는 한국과 일본의 교통수단에 대해 알아봅시다.

키무라씨 일행이 경복궁까지 가기 위해 버스 승차장을 묻고 있다.

木村（きむら）　：すみません。

ホテルマン　：はい，何（なに）か ご用（よう）でしょうか。

木村（きむら）　：あのう，バス乗（の）り場（ば）は どこに ありますか。

ホテルマン　：バス乗（の）り場（ば）ですか。ホテルの 前（まえ）に あります。

木村（きむら）　：景福宮まで どのくらいですか。

ホテルマン　：バスなら 1時間（じかん）ぐらいです。

木村（きむら）　：どうも ありがとう。

佐藤（さとう）　：木村（きむら）さん，田中（たなか）さんは まだ 部屋（へや）に いますか。

木村（きむら）　：あ，あそこに いますね。

佐藤（さとう）　：え，どこですか。

木村（きむら）　：あそこですよ。階段（かいだん）の 上（うえ）です。

제6과. 어디에 있습니까?

키무라 : 저기요.

호텔직원 : 예, 무슨 일이십니까?

키무라 : 저, 버스 승차장은 어디에 있습니까?

호텔직원 : 버스 승차장이요? 호텔 앞에 있습니다.

키무라 : 경복궁까지 어느 정도입니까?

호텔직원 : 버스라면 1시간 정도입니다.

키무라 : 고맙습니다.

사토 : 키무라씨, 타나카씨는 아직 방에 있습니까?

키무라 : 아, 저기에 있군요.

사토 : 예? 어디요?

키무라 : 저기요. 계단 위요.

단어체크

何か 뭔가, 무엇인가 | ご用 용건, 용무 | 何か ご用でしょうか。 무슨 일이십니까? | バス乗り場 버스 승차장

前 앞 | あります (무생물 등이) 있습니다. | なら ~라면 | まだ 아직 | 部屋 방, 객실

います (생물 등이) 있습니다. | 階段 계단 | 上 위, 위쪽

체크 1. ここにあります

있습니다	あります	います
없습니다	ありません	いません

☐ **あります / ありません** (➡ 식물과 무생물의 존재를 나타낼 때 사용)

- しおは こちらに あります。　　　(소금은 이쪽에 있습니다.)

- 免税店は どこに ありますか。　　(면세점은 어디에 있습니까?)
  <small>めんぜいてん</small>

- レストランは ありません。　　　(레스토랑은 없습니다.)

☐ **います / いません** (➡ 생물의 존재를 나타낼 때 사용)

- ドアマンは あそこに います。　　(도어맨은 저기에 있습니다.)

- 部屋に 犬が います。　　　　　　(방에 개가 있습니다.)
  <small>へ や</small>　<small>いぬ</small>

- 田中さんは いません。　　　　　　(田中씨는 없습니다.)
  <small>たなか</small>　　　　　　　　　　　　　<small>たなか</small>

단어체크

しお 소금 ｜ 犬 개
　　　　　　<small>いぬ</small>

 체크 2. 위치

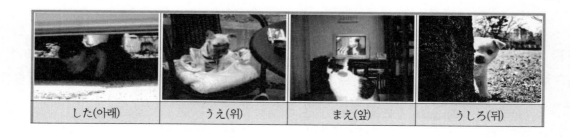

| した(아래) | うえ(위) | まえ(앞) | うしろ(뒤) |

なか(안)	みぎ(오른쪽)ひだり(왼쪽)	よこ(옆)	となり(옆)

よこ, となり 모두「옆」이라는 의미를 지니고 있지만,「よこ」는 횡적으로 아주 가까운 느낌,「となり」는 주로 같은 종류의 것(사람끼리, 건물끼리, 자리끼리)이 나란히 있다는 느낌을 갖게 한다.

- レストランは ホテルの 前に あります。 (레스토랑은 호텔 앞에 있습니다.)

- ガイドは 車の 中に います。 (가이드는 차 안에 있습니다.)

- 木村さんの となりの 人は 田中さんです。 (키무라씨의 옆 사람은 타나카씨입니다.)

- お手洗いは エレベーターの よこに あります。 (화장실은 엘리베이터 옆에 있습니다.)

단어체크

人 사람 | エレベーター 엘리베이터

 체크 3. 何か(뭔가)

「か」는 단어 다음에 붙어 불확실함을 나타내는 말로서, 예를 들어 何かは 무엇이 있는지 없는지 확실하지 않음을 의미한다.

- 何か ありますか。   (뭔가 있습니까?)

  はい, かばんが あります。   (예, 가방이 있습니다)

  いいえ, 何も ありません。   (아니오, 아무것도 없습니다)

• だれか いますか。　　　　　　(누군가 있습니까?)

　はい, 木村さんが います。　　(예, 키무라씨가 있습니다)

　いいえ, だれも いません。　　(아니오, 아무도 없습니다)

단어체크

何も 아무것도　　だれも 아무도

읽을거리 6. 일본 국명, 국가, 천황

　일본이라는 말은 원래 7세기경, 일본의 성덕태자가 중국에 보낸 국서에 자신의 나라를 해가 뜨는 곳(日の出る所)이라 표현한 데서 유래하며, 그 의미를 한자로 표현하니 일본이 된 것이라 한다. 보통 일본이라는 발음을 にほん 또는 にっぽん이라고 두 가지로 읽을 수 있는데 구별하는 규칙은 없다.

　단지 국제 스포츠 대회나 우표 등에 사용될 때에는 일반적으로 にっぽん이라고 읽는 추세이다.

　일본의 국기는 히노마루(日の丸)이고 일본의 국가는 「君が代」라고 하는데 1000년 전에 만들어진 和歌(우리의 시조에 해당)에서 비롯된 것으로 그 의미는 다음과 같다.

　「천황의 세상이 천대, 만대 계속되기를……. 작은 돌이 바위가 되고, 거기에 이끼가 낄 정도로 영원히 계속되기를…….」

　참고로 옛 일본인들은 바위는 작은 돌과 모래가 오랜 시간에 걸쳐 뭉쳐서 만들어 진다고 생각하였다.

　한편, 일본에는 아직도 왕(덴노)이 있는데 정치상의 권한은 없고 외교의례상의 국가원수(元首)이다. 현재 왕은 125대 아키히토이다. 한편 연호는 서기와 함께, 왕의 즉위에 따라서 고유의 연호(서기 2009년은 헤이세이 21년)를 사용한다.

제6과 회화연습

1. 다음과 같이 주어진 말을 사용해서 옆 사람과 대화를 해 보시오.

1)　A : 部屋の なかに だれが いますか。　　B : 田中さんが います。

　　① バスの 前　木村さん　② ドアの よこ　先生　③ 木村さんの となり　田中さん

2)　A : つくえの 上に 何が ありますか。　　B : かばんが あります。

　　① デパートの となり　ホテル　② かばんの 中　財布　③ ベッドの 下　荷物

2. 다음 회화와 같이 주어진 단어를 이용하여 문맥에 맞게 옆 사람과 대화하시오.

1)　A : トイレの なかに だれか いますか。

　　B1 : はい, います。　　　　　B2 : いいえ, だれも いません。

　　A : だれが いますか。

　　B1 : 金さんが います。

　　① バスの 後　木村さん　② かばんの 中　ほん　③ ベッドの 下　荷物

2)　A : すみません。レストランは どこに ありますか。

　　B : レストランですか。レストランは エレベーターの 後に あります。

　　A : エレベーターの 後ですね。どうも。

　　B : いいえ, どういたしまして。

① ホテル?　　　　デパートの　となり

② トイレ?　　　　かいだんの　上

③ 田中さん?　　　バスの　前

④ 木村さん?　　　レストランの　中

단어체크

ドア 문 ｜ つくえ책상 ｜ 財布 지갑 ｜ ベッド침대 ｜ 荷物 짐 ｜ どういたしまして 천만에요

제6과 연습문제

1. 다음을 일본어로 바꿔보시오.

1) 山田씨는 방 안에 있습니다. _____

2) 가방은 문 앞에 있습니다. _____

3) 방 안에 누구 있나요? _____

4) 아니오, 아무도 없습니다. _____

2. 다음 한자를 읽는 법과 뜻을 적으시오.

1) 免税店 _____ 2) 部屋 _____

3) 右 _____ 4) 荷物 _____

5) 上 _____

3. 다음 문장에서 틀린 곳이 있다면 찾아 바로 고치시오.

1) ホテルの ロビーに 木が います。

2) バスの 中に だれか いません。

3) お金は 財布の 中に います。

4) 木村さんは どこに いますか。

단어체크

木 나무

4. 테이프를 듣고 문제에 답을 하시오.

단어체크

救急車^{きゅうきゅうしゃ} 구급차

救急車 구급차

5. 다음 문장을 듣고 해당하는 그림을 액자 속에 그려 보세요.

단어체크

山^{やま} 산 | 空^{そら} 하늘 | 太陽^{たいよう} 태양 | 観光客^{かんこうきゃく} 관광객 | たくさん 많이 | 一本^{いっぽん} 한 그루

6. 테이프를 듣고 □안에 그림의 내용과 일치하면 ○, 틀리면 ×를 하시오.

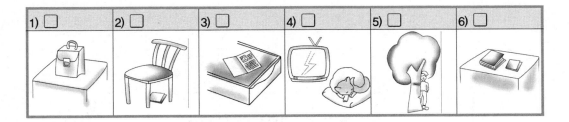

1) □ 2) □ 3) □ 4) □ 5) □ 6) □

단어체크

ねこ 고양이 | いす 의자 | ひきだし 서랍 | テレビ 텔레비전

읽을거리 7. 기모노와 유카타

한국에 한복이 있듯 일본에도 전통 의상인 기모노가 있다. 외국인에게 일본은 '기모노의 나라'로 많이 알려져 있는데, 일본인은 긴 역사를 기모노와 함께 살아 왔다고 해도 과언이 아니다. 서양 사람들에게 기모노를 설명할 때, 일본인들은 곧잘 '감춤의 미학', '걸어 다니는 미술관'이라고 자랑한다. 맨살을 드러내지 않는다는 점과, 옷감의 다채로운 문양을 뽐내느라 그런 비유를 하는 것이다.

결혼식이나 공식적인 큰 행사 때 결혼한 남녀는 가문을 나타내는 기모노를 입는다. 질 좋은 비단으로 만든 기모노는 매우 비싸며 수천만 원에 이르기까지 한다.

그런 이유로 기모노는 사 입지 않고 빌려서 입는 사람도 많다. 기모노를 입는 방법도 매우 까다로워 흔히 전문적으로 기모노 입는 법을 배워서 숙련된 사람의 손을 빌려서 입는다.

기모노가 실크로 만든 의식용 옷이라면 그에 비해 유카타는 면으로 만들어진 간편한 옷이다. 주로 여름에 가볍게 입으며, 여름 축제 때나 목욕 후 입는다. 일본의 여관이나 호텔에서 유카타를 제공하는데, 여관에서는 유카타를 입은 채로 돌아다닐 수 있다. 그러나 호텔에서는 실내에서만 입게 되어 있고, 유카타 바람으로 자기 방 밖으로 나가는 것은 금지되어 있는 경우가 많다.

第7課。

安<ruby>安<rt>やす</rt></ruby>くて おいしいです。

第7課。安くて おいしいです。

관광에 있어 보는 것, 자는 것과 함께 중요한 것이 먹는 것입니다.
레스토랑에서의 손님을 맞이하여 음식을 서브할 때까지의 흐름과 그 상황에 맞는 표현은
어떤 것이 있을지 생각해 봅시다.

키무라씨와 김영진씨가 식사를 하기 위해 레스토랑에 들렀다.

ウエートレス	: いらっしゃいませ。こちらへ どうぞ。
木村	: どうも。
ウエートレス	: ご注文は。
木村	: そうですね。何が おいしいですか。
ウエートレス	: 冷麺は いかがですか。安くて おいしいです。
木村	: じゃ, 冷麺 ください。
金	: 私も 冷麺 ください。それから 冷たい ビールも いっぽん...
ウエートレス	: 冷麺 ふたつに ビール いっぽんですね。わかりました。

木村	: ごちそうさまでした。お勘定 お願いします。
キャッシャー	: ありがとうございます。23,000ウォンです。

제7과. 싸고 맛있습니다.

웨이트리스	: 어서 오십시오. 이쪽으로 오시지요.
키무라	: 고맙습니다.
웨이트리스	: 주문은요?
키무라	: 글쎄요. 뭐가 맛있습니까?
웨이트리스	: 냉면은 어떠십니까? 싸고 맛있습니다.
키무라	: 그럼, 냉면 주세요.
김영진	: 저도 냉면 주세요. 그리고 차가운 맥주도 한 병...
웨이트리스	: 냉면 둘에 맥주 한 병이시죠? 알겠습니다.

키무라	: 잘 먹었습니다. 계산 부탁드리겠습니다.
캐셔	: 감사합니다. 23,000원입니다.

단어체크

いらっしゃいませ 어서 오십시오 | こちらへ どうぞ 이쪽으로 오세요 | おいしい 맛있다 | れいめん(冷麵) 냉면
いかがですか 어떠십니까?(➡ どうですか의 공손한 표현) | やすい (安い) 싸다, 저렴하다
つめたい(冷たい) 차갑다 | ビール 맥주 | いっぽん(一本) 한 병(➡ 체크 참조) | ふたつ(二つ) 둘, 두개(➡ 체크 참조)
ごちそうさまでした 잘 먹었습니다.(➡ いただきます) | おかんじょう(お勘定) 계산

✔ 체크 1. ⁄\ 何_{なに}が おいしいですか

일본어의 형용사는 크게 い형용사와 な형용사로 구분된다. 여기서는 い형용사에 대해 알아본다.

❑ **い형용사의 특징 : 기본형의 마지막 글자가 「い」**
　　만약 「い」가 아닌 다른 글자로 끝났다면 그것은 い형용사가 아니다.

　　　예) 寒_{さむ}い(춥다), 暑_{あつ}い(덥다), 多_{おお}い(많다), 少_{すく}ない(적다), 高_{たか}い(비싸다, 높다),

　　　　　安_{やす}い(싸다), やさしい(쉽다), むずかしい(어렵다)

◎ **정중형태 : 기본형 다음에 です를 붙여야만 한다.**
　　　예) 高_{たか}い(비싸다) ➡ 高_{たか}いです(비쌉니다)

　• 日本語_{にほんご}は やさしいです。　　　　　　(일본어는 쉽습니다.)

　• この ホテルは 日本人_{にほんじん}が 多_{おお}いです。(이 호텔은 일본인이 많습니다.)

◎ **부정형태 : 기본형의 마지막 글자 「い」 대신에 「くない」를 붙인다.**
　　　　　　정중하게 나타낼 때는 「くない」 뒤에 です를 붙이면 된다.
　　　예) 高_{たか}い(비싸다) ➡ 高_{たか}くない(비싸지 않다) ➡ 高_{たか}くないです(비싸지 않습니다)

「くないです」는 「くありません」으로 바꾸어 표현할 수도 있는데, 회화체에서는 「くないです」를 더 많이 사용하는 경향이 있다.

　• 日本_{にほん}の 物価_{ぶっか}は 安_{やす}くないです。　　(일본의 물가는 싸지 않습니다.)

　• あまり おいしくないです。　　　　　　(그다지 맛있지 않습니다.)

단어체크

物(ぶっ)価(か) 물가 | あまり 그다지

◎ 과거형태 : 기본형의 마지막 글자 「い」 대신에 「かった」를 붙인다.
　　　　　　정중하게 나타낼 때는 「かった」 뒤에 です를 붙이면 된다.

예) 高(たか)い(비싸다) ➡ 高(たか)かった(비쌌다) ➡ 高(たか)かったです(비쌌습니다)

• テストは むずかしかったですか。　　　　　(시험은 어려웠습니까?)

• 昨(きの)日(う)の コンサートは すばらしかったです。(어제 콘서트는 멋있었습니다.)

단어체크

コンサート 콘서트 | すばらしい 멋지다

◎ 과거부정형태 : 기본형의 마지막 글자 「い」 대신에 「くなかった」를 붙인다.
　　　　　　　　정중하게 나타낼 때는 「くなかった」 뒤에 です를 붙이면 된다.

예) 高(たか)い(비싸다) ➡ 高(たか)くなかった(비싸지 않았다) ➡ 高(たか)くなかったです(비싸지 않았습니다)

「くなかったです」는 「くありませんでした」로 표현할 수도 있다.

• 映(えい)画(が)は おもしろくなかったです。　(영화는 재미있지 않았습니다.)

• あまり むずかしくなかったです。　(그다지 어렵지 않았습니다.)

단어체크

おもしろい 재미있다

체크2. 安^{やす}くて おいしいです

い형용사 기본형의 마지막 글자 「い」를 「くて」로 바꾸면 「~고, ~해서」라는 의미가 된다.

- 日本語^{にほんご}は やさしくて おもしろいです.   (일본어는 쉽고 재미있습니다.)
- 安^{やす}くて 品質^{ひんしつ}も いいです.   (싸고 품질도 좋습니다.)

단어체크

品質^{ひんしつ} 품질 ∣ いい 좋다

 체크3. 冷^{つめ}たい ビールも いっぽん

「춥다 + 겨울 ➡ 추운 겨울」처럼 뒤에 나오는 명사(겨울)를 꾸며줄 때, 한국어에서는 「춥다」가 「추운」으로 활용해야만 하나, い형용사는 기본형 다음에 명사를 붙이는 것만으로 자동적으로 꾸며주게 된다.

- やさしい 日本語^{にほんご}   (쉬운 일본어)
- ここは 日本人^{にほんじん}が 多^{おお}い ホテルです。 (여기는 일본인이 많은 호텔입니다.)

체크4. 활용할 때 주의해야 할 い형용사 「いい」

　いい   (좋다)
➡ いいです   (좋습니다)
➡ よくないです   (좋지 않습니다)

➡ よかったです　　　（좋았습니다）

➡ よくなかったです（좋지 않았습니다）

➡ よくて　　　　　　（좋고, 좋아서）

체크 5. 　 조수사

	병, 자루, 그루	마실 것(잔)	물건	얇은 것(장)
1	いっぽん	いっぱい	ひとつ	いちまい
2	にほん	にはい	ふたつ	にまい
3	さんぼん	さんばい	みっつ	さんまい
4	よんほん	よんはい	よっつ	よんまい
5	ごほん	ごはい	いつつ	ごまい
6	ろっぽん	ろっぱい	むっつ	ろくまい
7	ななほん	ななはい	ななつ	ななまい
8	はっぽん	はっぱい	やっつ	はちまい
9	きゅうほん	きゅうはい	ここのつ	きゅうまい
10	じゅっぽん	じゅっぱい	とお	じゅうまい
?	何本 (なんぼん)	何杯 (なんばい)	いくつ	何枚 (なんまい)

・コーヒーを いっぱい お願（ねが）いします。　　　（커피를 한잔 부탁합니다.）

・100円（えん）に いくつですか。　　　（100엔에 몇 개입니까?）

제7과 회화연습

1. 다음과 같이 주어진 말을 사용해서 옆 사람과 대화를 해 보시오

A : 旅行は どうでしたか。　　　　B : 楽しかったです。

A : 寒くなかったですか。　　　　B : いいえ, あまり 寒くなかったです。

　① 日本　　　　いい　　　　暑い

　② 映画　　　　おもしろい　　高い

　③ レストラン　おいしい　　　古い

단어체크

楽しい 즐겁다　|　古い 낡다, 오래되다

---

2. 옆 사람에게 질문하고, 옆 사람은 주어진 단어를 사용하여 대답해 보세요.

　1) 韓国の 物価は どうですか。(高い)

　　➡ とても　　　　　　　　➡ あまり

　2) 今日の 天気は どうですか。(暑い)

　　➡ とても　　　　　　　　➡ あまり

　3) 旅行は どうでしたか。(楽しい)

　　➡ とても　　　　　　　　➡ あまり

4) 日本の 天気は どうでしたか。(寒い)

　　➡ とても　　　　　　　　　　➡ あまり

단어체크

とても 매우, 대단히 ┃ あまり 그다지, 별로

---

3. 다음과 같이 주어진 말을 사용해서 옆 사람과 대화를 해 보시오.

A : 韓国の 地下鉄は どうですか。　(速い 安い)

B : 速くて 安いです。

　① この レストランは どうですか。　　　(安い　　　　おいしい)
　② あの ホテルは どうですか。　　　　　(きたない　　うるさい)
　③ 韓国旅行は どうですか。　　　　　　　(近い　　　　安い)

단어체크

速い 빠르다 ┃ きたない 지저분하다 ┃ うるさい 시끄럽다 ┃ 近い 가깝다

---

4. 다음과 같이 주어진 말을 사용해서 옆 사람과 대화를 해 보시오.

A : ラーメンは いかがですか。　　B : からくないですか。

A : いいえ, あまり からくないです。　B : じゃ, それを ください。

　① すきやき 熱い　　② ビビンパ 高い　　③ プルゴギ しょっぱい

단어체크

熱い 뜨겁다 ┃ プルゴギ 불고기 ┃ しょっぱい 짜다

5. 금액 및 수량은 각자 생각해서 회화 내용에 맞게 옆 사람과 대화해 보시오.

> A : すみません, この あかい ボールペンは いくらですか。
>
> B : 100円です。
>
> A : じゃ, にほん ください。
>
> B : はい, 全部で 200円です。

> ① おおきい シャツ 　② ちいさい りんご 　③ 冷たい ビール

단어체크

あかい 빨갛다 | おおきい 커다랗다 | シャツ 셔츠 | ちいさい 작다 | りんご 사과

---

6. 다음과 같이 주어진 말을 사용해서 옆 사람과 대화를 해 보시오.

> ┌─────────────────────────┐
> 　　　　　　〈日本語 VS 英語〉
> └─────────────────────────┘

> A : 日本語は どうですか。
>
> B : 日本語も おもしろいですが, 英語より むずかしいです。

> ① 日本の ホテル VS 韓国の ホテル　　いい　　　　高い
> ② 日本の 食べ物 VS 韓国の 食べ物　　おいしい　　あまい
> ③ 東京 VS ソウル　　　　　　　　　　人が 多い　　ふるい

단어체크

食べ物 음식 | あまい 달다 | より ~보다

제7과 연습문제

1. 다음 ( )안에 알맞은 말을 넣으시오.

1) ひとつ – ふたつ – (　　　　) – よっつ – (　　　　)

2) いっぱい – にはい – (　　　　) – よんはい

3) (　　　　) – にほん – さんぼん – (　　　　)

2. 다음 한자를 읽어 보시오.

1) 地下鉄(지하철)　　2) 旅行(여행)　　3) 注文(주문)　　4) 今日(오늘)

5) 暑い(덥다)　　6) 安い(싸다)　　7) 高い(비싸다)　　8) 近い(가깝다)

3. 다음을 일본어로 고치시오.

1) 어서 오십시오.　　_____

2) 이쪽으로 오시지요.　　_____

3) 잘 먹었습니다.　　_____

4) 잘 먹겠습니다.　　_____

4. 다음 문장을 한 문장으로 만드시오.

1) あそこに 店が あります。　　　　安いです。

2) これは 韓国の キムチです。　　　おいしいです。

3) これは 日本語の 本です。　　　　おもしろいです。

5. 다음 밑줄 친 말은 い형용사가 활용된 것입니다. 기본형을 적으시오.

1) とても <u>おいしかった</u>です。 _____

2) ソウルは 東京_{とうきょう}より <u>寒_{さむ}い</u>ですね。 _____

3) 田中_{たなか}さんは 背_せが <u>高_{たか}くて</u> やさしい 人_{ひと}です。 _____

4) 北海道_{ほっかいどう}は あまり <u>近_{ちか}く</u>ありません。 _____

5) <u>よかった</u>ですね。 _____

6. 테이프를 듣고 다음 질문에 답하시오.

1) 木村_{きむら}씨는 어떤 것을 마실까요?

    ① コーヒー   ② 紅茶_{こうちゃ}   ③ コーラ   ④ ジュース

2) 손님이 레스토랑에서 주문을 하였다. 무엇을 시켰나요?

    ① コーヒー ひとつと ジュース ひとつ

    ② コーヒー ひとつと ジュース ふたつ

    ③ コーヒー ふたつと ジュース ひとつ

    ④ コーヒー みっつ

3) 田中_{たなか}씨가 다녀온 곳은 어디인가요?

    ① 극장   ② 야구장   ③ 레스토랑   ④ 도서관

단어체크

店_{みせ} 가게 ┃ 背_せが 高_{たか}い 키가 크다 ┃ やさしい 상냥하다 ┃ 北海道_{ほっかいどう} 홋카이도(일본 지명) ┃ お飲物_{のみもの} 음료, 마실 것
コーラ 콜라 ┃ ジュース 주스 ┃ ねだん(値段) 가격

第8課。

カジノが 好^すきですか。

第8課。カジノが 好^すきですか。

강원도 정선에 내국인 카지노가 생기면서 카지노에 대한 관심이 커졌습니다.
관광산업의 하나인 카지노는 우리나라에 몇 개가 있는지, 입장제한은 없는지, 카지노가
미치는 영향 등에 대해 생각해 봅시다.

가이드가 그 날의 일정을 마치고 타나카씨를 숙박할 호텔로 안내한다.

ガイド　：あの ホテルが 田中^{たなか}さんの ホテルです。

田中^{たなか}　：あの 白^{しろ}い ビルですか。

ガイド　：はい, そうです。部屋^{へや}は 少^{すこ}し せまいですが, とても きれいな ホテルです。
　　　　それに ホテルマンも 親切^{しんせつ}です。

田中^{たなか}　：そうですか。
　　　　ホテルの 中^{なか}に カジノも ありますか。

ガイド　：いいえ, カジノは ありません。田中^{たなか}さんは カジノが 好きですか。

田中^{たなか}　：はい, 好^すきです。上手^{じょうず}じゃありませんが。

ガイド　：昨日^{きのう}の ホテルは どうでしたか。

田中^{たなか}　：そうですね。静^{しず}かで ホテルマンも 親切^{しんせつ}でした。でも, あまり 広^{ひろ}くあ
　　　　りませんでした。

ガイド　：そうでしたか。

제8과. 카지노를 좋아하십니까?

가이드 : 저 호텔이 타나카씨 호텔입니다.

타나카 : 저 하얀 빌딩이요?

가이드 : 예, 그렇습니다. 객실은 조금 좁습니다만, 매우 깨끗한 호텔입니다.
게다가 호텔직원도 친절합니다.

타나카 : 그렇습니까?
호텔 안에 카지노도 있습니까?

가이드 : 아니오, 카지노는 없습니다. 타나카씨는 카지노를 좋아하십니까?

타나카 : 예, 좋아합니다. 잘하지는 않습니다만.

가이드 : 어제 호텔은 어떠셨습니까?

타나카 : 글쎄요. 조용하고 호텔직원도 친
절했습니다. 그렇지만 그리 넓지
는 않았습니다.

가이드 : 그러셨습니까?

단어체크

白い 희다, 하얗다 | ビル 빌딩 | 少し 조금 | 狭い 좁다 | きれいだ 깨끗하다, 아름답다

それに 게다가, 더욱이 | ホテルマン 호텔직원 | 親切だ 친절하다 | 好きだ 좋아하다

上手だ 잘한다, 능숙하다 | 静かだ 조용하다 | 広い 넓다

✓ 체크 1.　な형용사

❑ **な형용사의 특징 : 기본형의 마지막 글자가「だ」로 끝난다.**

　　예) 有名だ(유명하다)　　大切だ(중요하다)　　簡単だ(간단하다)　　便利だ(편리하다)

　　　　親切だ(친절하다)　　元気だ(건강하다)　　きれいだ(아름답다, 깨끗하다)

◎ **정중 형태 : 마지막 글자「だ」를 없애고「です」를 붙인다.**

　　예) 静かだ(조용하다)　➡　静かです(조용합니다)

• あの ホテルは とても きれいです。(저 호텔은 매우 깨끗합니다.)

• パスポートが いちばん 大切です。　(여권이 제일 중요합니다.)

단어체크

いちばん 가장, 제일

◎ **부정 형태 : 마지막 글자「だ」대신에「じゃない」를 붙인다.**
　　　　　　정중하게 나타낼 때에는「じゃない」다음에 です를 붙인다.
　　　　　　「じゃないです」대신「じゃありません」도 많이 사용된다.

　　예) 静かじゃない(조용하지 않다)　➡　静かじゃないです(조용하지 않습니다)

• あの お寺は あまり 有名じゃないです。

　(저 절은 그다지 유명하지 않습니다.)

• 部屋^{へや}は あまり きれいじゃじゃないです。

(객실은 그다지 깨끗하지 않습니다.)

단어체크

お寺^{てら} 절, 사찰

◎ **과거 형태** : な형용사의 마지막 글자 「だ」 대신에 「だった」를 붙인다.
　　　　　　　정중하게 나타낼 때는 「だ」 대신에 「でした」를 붙이면 된다.

예) 静^{しず}かだった(조용했다) ➡ 静^{しず}かでした(조용했습니다)

• むかしは 観光名所^{かんこうめいしょ}としても 有名^{ゆうめい}だった。

(옛날에는 관광명소로서도 유명했었다.)

• 昨日^{きのう}の レストランは きれいでした。

(어제 레스토랑은 깨끗했습니다.)

단어체크

昔^{むかし} 옛날 ｜ 観光名所^{かんこうめいしょ} 관광명소 ｜ として ~로서

◎ **과거부정형태** : な형용사의 마지막 글자 「だ」 대신에 「じゃなかった」를 붙인다.
　　　　　　　　정중하게 나타낼 때는 「じゃなかった」 뒤에 「です」를 붙이면 된다.

• 手続^{てつづ}きは あまり 簡単^{かんたん}じゃなかった。　　(수속은 그리 간단하지 않았다.)

• 東京駅^{とうきょうえき}は きれいじゃなかったです。　　(동경역은 깨끗하지 않았습니다.)

「じゃなかったです」는 「じゃありませんでした」로 표현할 수도 있다.

手続き 수속 | 駅 역

체크2. な형용사 で형

な형용사의 마지막 글자 「だ」를 「で」로 바꾸면 「~고, ~해서」라는 의미가 된다.

- 韓国の 高麗人参は 日本人に 有名で, ねだんも 安いです。

  (한국의 고려인삼은 일본인에게 유명하고, 가격도 쌉니다.)

- ホテルの ベルマンは 親切で, 背も 高いです。

  (호텔의 벨맨은 친절하고 키도 큽니다.)

高麗人参 고려인삼

체크3. とても きれいな ホテルです

앞서 설명한 い형용사와는 달리 な형용사는 바로 뒤에 오는 명사를 꾸며줄 때, 마지막 글자 「だ」를 「な」로 바꿔주어야만 한다.

부연 설명하자면, 뒤에 오는 명사를 꾸며줄 때, 마지막 글자가 「い」인 상태에서 뒤의 명사를 꾸며주므로 い형용사라고 하며, な형용사는 뒤의 명사를 꾸며줄 때, 마지막 글자 「だ」가 「な」로 바뀌기 때문에 な형용사라고 하는 것이다.

- ハンサムな 人が 多いです。

  (잘생긴 사람이 많습니다.)

- 京都は 観光地として 有名な ところです。

(교토는 관광지로서 유명한 곳입니다.)

　한편, 기본적으로 な형용사와 명사와는 그 활용형태가 거의 같은데, 「~하다」라는 말을 붙여서 말이 되면 な형용사로 이해하면 된다.

　　예) 本(책) + 하다(×) = 명사, 親切(친절) + 하다(○) = な형용사

단어체크

ハンサムだ 잘생겼다 ｜ 京都 교토(일본 지명) ｜ 観光地 관광지 ｜ ところ 곳

✓ 체크 4. 　주의해야 할 조사

　「~을 잘한다」라고 할 때 上手だ 앞에서 「を」를 넣기 쉬운데, 일본인들은 습관적으로 「が」를 사용한다. 이 밖에도 下手だ(못한다), 好きだ(좋아한다), きらいだ(싫어한다) 등의 말 앞에서 「~을」에 해당되는 조사는 반드시 が를 사용해야만 한다.

• 私は 和食が 好きです。　　　　　　　　(나는 일식을 좋아합니다.)
• 田中さんは スポーツが 下手です。　(타나카씨는 스포츠를 못합니다.)

단어체크

和食 일식 ｜ スポーツ 스포츠

제8과 회화연습

1. 다음과 같이 주어진 말을 사용해서 옆 사람과 대화를 해 보시오.

A : 田中さんは カジノが 好きですか。

B : はい, 好きです。でも, ルーレットは あまり 好きじゃありません。

① 韓国の 食べ物　　辛いもの

② お酒　　　　　　ビール

③ スポーツ　　　　サッカー

단어체크

ルーレット(roulette) 카지노게임의 일종 | 辛い 맵다 | もの 것, 물건 | サッカー 축구

2. 다음과 같이 주어진 말을 사용해서 옆 사람과 대화를 해 보시오.

A : 部屋は 少し せまいですが, とても きれいな ホテルです。

B : そうですか。

A : はい, それに ホテルマンも 親切です。

① ねだん 高い / 親切だ 店 / 料理 おいしい

② 背 低い / ハンサムだ 人 / あたま いい

③ キムチ からい / 有名だ 食べ物 / ねだん 安い

단어체크

料理 요리 ┃ あたま 머리

3. 다음과 같이 주어진 말을 사용해서 옆 사람과 대화를 해 보시오.

A : 金さんは 旅行が すきですか。

B1 : はい, とても 好きです。

B2 : いいえ, あまり 好きじゃありません。

① 金さん　　　カジノ　　　きらいだ

② あの 人　　歌　　　　　上手だ

③ あの 人　　スポーツ　　下手だ

단어체크

歌 노래

4. 다음과 같이 주어진 말을 사용해서 옆 사람과 대화를 해 보시오.

A : ホテルは どうでしたか。

B : とても 親切でした。でも, 交通は あまり 便利じゃありませんでした。

① 部屋　　　　きれいだ　　　ホテルマン　　親切だ

② 日本　　　　にぎやかだ　　さしみ　　　　新鮮だ

③ レストラン　静かだ　　　　テーブル　　　きれいだ

5. 다음과 같이 주어진 말을 사용해서 옆 사람과 대화를 해 보시오.

A : ホテルは どうでしたか。

B : 親切で 交通も 便利でした。それに 部屋も きれいでした。

① 部屋　きれいだ　ホテルマン　親切だ / 料理　　　おいしい

② 日本　にぎやかだ　さしみ　新鮮だ / 人々　　　やさしい

③ レストラン　静かだ　テーブル　きれいだ / 値段　安い

단어체크

交通 교통 | にぎやかだ 번화하다 | さしみ 생선회 | 新鮮だ 신선하다 | テーブル 테이블 | 人々 사람들

제8과 연습문제

1. 다음을 한 문장으로 고치시오.

1) ここは 静かです。　　　　　　ここは ホテルです。

2) あそこは 有名です。　　　　　あそこは レストランです。

3) 木村さんは とても 親切です。　木村さんは ホテルの ドアマンです。

2. 다음을 예와 같이 완성하시오.

예) きれいです。

きれいでした。(과거)

きれいじゃないです。(부정)

きれいじゃなかったです。(과거부정)

1) ひまです

(　　　　　　　　　　　)

(　　　　　　　　　　　)

(　　　　　　　　　　　)

2) まじめです

(　　　　　　　　)

(　　　　　　　　)

(　　　　　　　　)

3) 好きです

(　　　　　　　　)

(　　　　　　　　)

(　　　　　　　　)

3. 다음 그림을 보고 질문에 답하시오.

	Q. 木村さんは 元気ですか。 A. _____
	Q. 田中さんは お酒が 嫌いですか。 A. _____
	Q. 鈴木さんは どんな 人ですか。 A. _____
	Q. 山本さんは ピアノが 上手ですか。上手じゃありませんか。 A. _____
	Q. 昨日, 佐藤さんは ひまでしたか。 A. _____

4. 다음 대화를 듣고 들려주는 질문에 맞으면 ○, 틀리면 ×표 하시오.

1) _____

2) _____

3) _____

5. 대화를 듣고 다음 질문에 답하시오.

1) 田中さんは 東京と 北海道と どちらが 好きですか。

2) どうしてですか。

3) 木村さんは どうして 北海道が 好きですか。

6. 테이프를 듣고 그림 중에서 해당하는 사람을 골라 (　)안에 그 번호를 적으시오.

1) 鈴木_{すずき}さん (　)　　　　2) 佐藤_{さとう}さん (　)

3) 木村_{きむら}さん (　)　　　　4) 伊藤_{いとう}さん (　)

단어체크

ひまだ 한가하다　|　不便_{ふべん}だ 불편하다　|　若_{わか}い 젊다　|　どうして 어째서　|　ふるさと 고향

雪祭_{ゆきまつ}り 눈축제　|　札幌_{さっぽろ} 삿포로(일본 지명)　|　まじめだ 성실하다　|　どんな 어떤　|　かみ(髪) 머리카락

長_{なが}い 길다　|　動物_{どうぶつ} 동물

읽을거리 8. 마쓰리(축제)

일본은 일 년 내내 마쓰리가 열리는 마쓰리의 나라라고 할 수 있다. 마쓰리는 원래 조상들의 영혼을 기리고 신에게 풍작과 건강을 비는 의식으로, 우리의 마을굿이나 대동제에 해당되는 행사였다. 하지만 오늘날의 마쓰리는 그런 종교적인 목적에서 벗어나, 시민들을 위한 보다 대중적인 축제로 바뀌게 되었다.

마쓰리의 기본 형식은 특정한 날에 신이 사전(社殿)에서 나와 미코시(神輿 : 신위를 모시는 가마)에 옮겨 타고 오타비쇼(御旅所 : 미코시를 임시 안치하는 곳)까지 행차한 다음, 다시 원래의 사전으로 돌아가는 것이다. 이때 다시(山車)라 하여 마쓰리 때 끌고 다니는 인형·꽃 등으로 장식한 수레가 이용되기도 한다. 도쿄를 중심으로 한 동부 지역에서는 미코시가 주로 사용되고, 교토, 오사카 등의 서부 지역에는 수레가 중심을 이루고 있다. 신을 안치한 미코시의 순행 그 자체를 절정으로 하는 마쓰리가 많고, 이를 메는 젊은이의 역동적인 움직임은 신의 뜻으로 용인된다.

참고로 일본의 3대 마츠리라 하면 교토(京都)의 기온마츠리(祇園祭), 도쿄(東京)의 간다마쓰리(神田祭), 오사카(大阪)의 덴진마쓰리(天神祭)를 꼽는다.

第9課。

どこで 食べますか。

第9課。 どこで 食べますか。

여행상품의 커다란 특징 중의 하나는 눈에 보이지 않는다는 점이다.

즉, 여행상품을 구매하고 받는 여행일정표는 손님들에게 구매한 여행상품의 대략적인 사항을 알려줌과 동시에 회사와 손님간의 계약조건이라 할 수 있다는 점에서 중요하다.

여행사의 여행일정표에는 어떠한 내용들이 적혀 있는지 알아봅시다.

키무라씨가 가이드에게 오늘의 일정에 대해 물어보고 있다.

木村 : 今日の スケジュールは 何ですか。

ガイド : 9時に ホテルを 出ます。

それから バスで ロッテワールドに 行きます。

木村 : ロッテワールドまでは どの くらい かかりますか。

ガイド : 1時間ぐらい かかると 思います。

木村 : そうですか。昼ごはんは どこで 食べますか。

ガイド : 近くに 和食レストランが あります。

メニューは すき焼きと ビールです。

木村 : ビールですか。私は ビールは 飲みません。日本酒を お願いします。

ガイド : はい、わかりました。

제9과. 어디서 먹습니까?

키무라 : 오늘 일정은 무엇입니까?

가이드 : 9시에 호텔을 나섭니다.
　　　　그리고 버스로 롯데월드에 갑니다.

키무라 : 롯데월드까지는 얼마나 걸립니까?

가이드 : 1시간 정도 걸린다고 생각합니다.

키무라 : 그렇습니까? 점심식사는 어디서 먹습니까?

가이드 : 근처에 일본음식 레스토랑이 있습니다.
　　　　메뉴는 스키야키와 맥주입니다.

키무라 : 맥주요? 저는 맥주는 안마십니다. 정종을 부탁드릴게요.

가이드 : 알겠습니다.

단어체크

スケジュール 일정 ｜ 出る 나오다, 출발하다 ｜ 行く 가다 ｜ かかる 걸리다, 들다 ｜ と ~라고 ｜ 思う 생각하다
食べる 먹다 ｜ 近く 근처 ｜ 和食 일식, 일본 음식 ｜ メニュー 메뉴 ｜ 飲む 마시다 ｜ 日本酒 정종

체크 1. 　**동사의 특징과 동사 종류**

□ 동사의 특징

동사 : 기본형의 마지막 글자를 읽어보았을 때 모음이 「ㅜ」

　　예) 会う(만나다), 飲む(마시다), 食べる(먹다), 書く(적다)

예로 들은 것들의 마지막 글자를 읽어보면 각각 「う(우) む(무) る(루) く(쿠)」로 끝났다. 공통적으로 「ㅜ」라는 모음을 갖고 있다는 것을 알 수 있다. 결론적으로 동사 기본형의 마지막 글자는 「う く ぐ す つ ぬ ぶ む る」 중의 한 글자로 끝나야 한다.

□ 동사의 종류

동사는 1그룹, 2그룹, 3그룹의 3종류가 있다. 각각의 동사마다 활용하는 방법이 다르므로 반드시 구별할 수 있어야 한다.

　1그룹동사 : 1) 마지막 글자가 る가 아닌 것.
　　　　　　　2) 마지막 글자가 る로 끝나고 る 앞의 모음이 「ㅣ」나 「ㅔ」가 아닌 것.
　　예) 行く(가다), 飲む(마시다), 待つ(기다리다), 呼ぶ(부르다), 乗る(타다), 会う(만나다)

　2그룹동사 : 마지막 글자가 る로 끝나고 る 앞의 모음이 「ㅣ」나 「ㅔ」인 것.
　　예) 起きる(일어나다), 見る(보다), 食べる(먹다), 寝る(자다)

　3그룹동사 : くる(오다) する(하다) 단 두 개뿐이다.

예외적으로 「帰る(돌아가다), 入る(들어가다), 知る(알다), 切る(자르다), 走る(달리다)」 등은 생김새는 2그룹 동사이나 1그룹 동사와 같이 활용하는 예외 1그룹 동사이다.

체크 2.   ます(동사의 정중형태)

지금까지 정중한 표현을 나타낼 때 です를 붙인다고 하였다.

예) 先生です。おいしいです。親切です。

동사는 정중하게 표현할 때 「です」를 붙이지 않고, 「ます」를 붙임에 주의하자. 한편, ます의 의미는 매일 습관적으로 행하는 일이나 앞으로 할 일을 나타내므로 한국 어로는 「～합니다, ～하겠습니다」라는 의미가 된다.

동사에 ます를 붙이는 방법은 다음과 같다.

1그룹동사 : 마지막 글자의 모음「ㅜ」를 「ㅣ」로 바꾸고 ます를 붙인다.

ㅏ	あ	か	さ	た	な	は	ま	や	ら	わ	ん
ㅣ	い	き	し	ち	に	ひ	み		り		
ㅜ	う	く	す	つ	ぬ	ふ	む	ゆ	る		
ㅔ	え	け	せ	て	ね	へ	め		れ		
ㅗ	お	こ	そ	と	の	ほ	も	よ	ろ		を

2그룹동사 : 마지막 글자 「る」를 없애고 ます를 붙인다.

3그룹동사 : する ➡ します   くる ➡ きます

동사의 종류	기본형	ます형
1그룹동사	会う(만나다) 行く(가다) 飲む(마시다) 待つ(기다리다) 呼ぶ(부르다)	会います(만납니다) 行きます(갑니다) 飲みます(마십니다) 待ちます(기다립니다) 呼びます(부릅니다)
2그룹동사	起きる(일어나다) 食べる(먹다)	起きます(일어납니다) 食べます(먹습니다)
3그룹동사	する(하다) くる(오다)	します(합니다) きます(옵니다)

체크 3.   ません(동사의 부정형태)

❑ **부정형태**

ます를 ません으로 바꿔주면 된다.

- 会う(만나다.) ➡ 会います(만납니다.) ➡ 会いません(만나지 않습니다.)

- 見る(보다.) ➡ 見ます(봅니다.) ➡ 見ません(보지 않습니다.)

- する(하다.) ➡ します(합니다.) ➡ しません(하지 않습니다.)

 체크 4.   1時間ぐらい かかると 思います。

と라는 조사는 「~와, ~과」라는 의미와 함께 뒤에 동사를 붙여「~라고(사고나 행동의 내용)」라는 의미로도 많이 사용한다.

　　예) ~と 言う (~라고 (말)한다), ~と 思う (~라고 생각한다), ~と 書く (~라고 쓴다)

- この 料理は カルビと 言います。

  (이 요리는 갈비라고 합니다.)

- 日本の 食べ物も おいしいと 思います。

  (일본음식도 맛있다고 생각합니다.)

- 「ハングル」は 韓国語では 「한글」と 書きます。

  (「한글」은 한국어로는 「한글」이라고 씁니다.

✓ 체크 5. 　 조사 で

で는 장소(~에서)와 수단(~으로)을 나타내는 조사이다.

- 免税店で お土産を 買います。　　　(면세점에서 선물을 삽니다.)

- お土産は カードで 買います。　　　(선물은 카드로 삽니다.)

단어체크

お土産 선물 ｜ 買う 사다, 구입하다

제9과 회화연습

다음과 같이 주어진 말을 사용해서 옆 사람과 대화를 해 보시오.

1.　A : どうぞ, おいしいですよ。

　　B : いいえ, 私_{わたし}は ラーメンは 食_たべません。

　　① 冷_{つめ}たい / コーラ　飲_のむ

　　② おもしろい / ざっし　読_よむ

　　③ 便利_{べんり}だ / バス　乗_のる

2.　A : 会議_{かいぎ}は 何時_{なんじ}に 始_{はじ}まりますか。

　　B : 6時_じに 始_{はじ}まります。

　　① 銀行_{ぎんこう}　　　　終_{おわ}る　　　　　4時_じ30分_{ぷん}

　　② あなた　　　　帰_{かえ}る　　　　　6時_じ

　　③ 木村_{きむら}さん　　くる　　　　　7時_じ

3.　A : 明日_{あした}は 何_{なに}を しますか。

　　B : 明日_{あした}は 釜山へ 行_いきます。

　　① 今日_{きょう}　　　　映画_{えいが}を 見_みる

　　② 今晩_{こんばん}　　　　友_{とも}だちと お酒_{さけ}を 飲_のむ

　　③ あさって　　　恋人_{こいびと}に 会_あう

4.　A：あのう，朝ごはんは どこで 食べますか。

　　　B：ホテルの レストランで 食べます。

① バス　　　　乗る　　　　ホテルの 入リ口の 前

② お土産　　　買う　　　　近くの 免税店

③ 今日　　　　寝る　　　　ロッテホテル

단어체크

ざっし 잡지 ｜ 読む 읽다 ｜ 会議 회의 ｜ 始まる 시작되다 ｜ 終る 끝나다 ｜ 今晩 오늘 밤 ｜ 恋人 애인 ｜

入リ口 입구

제9과 연습문제

1. 다음을 カタカナ로 적어보시오.

1) 버스 _____ 2) 호텔 _____

3) 레스토랑 _____ 4) 메뉴 _____

5) 맥주 _____

2. 다음 표를 완성하시오.

동사종류	기본형	～ます	～ません
1그룹동사	会う 만나다	会います	会いません
	行く 가다		
	食べる 먹다		
	着く 도착하다		
	起きる 일어나다		
	寝る 자다		
	帰る 돌아가다		
	する 하다		
	待つ 기다리다		

3. 다음 밑줄 친 곳은 동사가 활용된 것입니다. 기본형을 찾으시오.

1) 私も 飲みます。

2) 本は 読みません。

3) バスに 乗ります。

4) 本を 買います。

5) 映画を 見ます。

6) 案内します。

7) 7時に 終ります。

8) 木村さんも いますか。

단어체크

案内 안내 ｜ いる 있다

---

4. 다음 문장을 읽고 알맞은 말을 고르시오.

1) 私は 木村さんに お土産を あげます。

　　木村さんは 私に　(① ありがとう　② おねがいします) と言います。

2) 木村さんは 私に すき焼きを おごります。これから 食べます。

　　木村さんは 私に　(① いただきます② どうぞ) と言います。

3) 木村さんは 日本へ 行きます。あさって 帰ります。

　　私は 空港で　　(① さようなら　② 気をつけて) と言います。

4) お客さんが 入ります。

　　私は お客さんに　(① どうぞよろしく② いらっしゃいませ) と言います。

단어체크

あげる 주다 ｜ おごる 대접하다 ｜ これから 이제부터 ｜ 空港(くうこう) 공항

---

5. 다음 대화와 질문을 듣고 답을 적으시오.

정답 : _____

---

6. 다음 회화를 듣고 ①, ②, ③, ④의 문장 중 내용과 다른 것을 고르시오.

① 木村(きむら)さんは いつも 8時(じ)ごろ 家(いえ)を 出(で)ます。

② 田中(たなか)さんは いつも 7時(じ)ごろ 家(いえ)を 出(で)ます。

③ 木村(きむら)さんは いつも 会社(かいしゃ)に 早(はや)いです。

④ 田中(たなか)さんは いつも 会社(かいしゃ)に 遅(おそ)いです。

---

7. 다음 회화를 듣고 질문에 대한 정답을 ①, ②, ③, ④ 중에서 고르시오.

金(キム)さんは どうしますか。（　　　）

단어체크

ラーメン 라면 ｜ すき焼(や)き 전골 ｜ うんざりだ 질리다 ｜ いつも 언제나 ｜ 早(はや)く 일찍 ｜ 早(はや)い 이르다
家(いえ) 집 ｜ ごろ 쯤, 경 ｜ うらやましい 부럽다 ｜ パーティー 파티 ｜ 用事(ようじ) 용무, 볼일 ｜ ざんねんだ 유감이다

第10課。

予約しましたか。

第10課。予約しましたか。

호텔에 도착했습니다.
버스에서 내려 체크인하기까지의 과정에 대해 생각해 봅시다.

타나카씨 일행이 호텔 프런트에서 체크인하려 한다.

フロント : いらっしゃいませ。予約しましたか。

田中 : いいえ。予約しませんでした。

あのう, 3人ですが, 大丈夫ですか。

フロント : 何泊の 予定ですか。

田中 : 今日から 2泊です。

フロント : どんな 部屋が よろしいですか。

田中 : ツインルームを 2つ お願いします。

フロント : はい, かしこまりました。

こちらの カードに お名前と ご住所を お願いします。

📖 단어체크

予約する 예약하다 | 3人 3명 | 大丈夫だ 괜찮다 | 何泊 몇 박 | 予定 예정
よろしい 좋으시다(➡ いい의 공손표현) | ツインルーム 트윈 룸(twin room)
かしこまりました 알겠습니다(➡ わかりました의 공손표현) | カード 카드 | ご住所 주소

제10과. 예약하셨습니까?

프론트 : 어서 오십시오. 예약하셨습니까?

타나카 : 아니오. 예약하지 않았습니다.
　　　　 저, 3명인데 괜찮습니까?

프론트 : 몇 박 예정이십니까?

타나카 : 오늘부터 2박입니다.

프론트 : 어떤 객실이 좋으시겠습니까?

타나카 : 트윈룸을 2개 부탁드립니다.

프론트 : 예, 알겠습니다.
　　　　 이쪽 카드에 성함과 주소를 부탁드리겠습니다.

체크 1. 동사의 과거형

과거형은 ます를 붙인 상태에서 ます를 ました로 바꿔주면 된다. 한편, ました 대신 ませんでした를 사용하면 과거부정형태가 된다는 것도 알아두자.

ます형	ました(과거형)	ませんでした(과거부정형)
会います(만납니다)	会いました(만났습니다)	会いませんでした(만나지 않았습니다)
行きます(갑니다)	行きました(갔습니다)	行きませんでした(가지 않았습니다)
飲みます(마십니다)	飲みました(마셨습니다)	飲みませんでした(마시지 않았습니다)
待ちます(기다립니다)	待ちました(기다렸습니다)	待ちませんでした(기다리지 않았습니다)
呼びます(부릅니다)	呼びました(불렀습니다)	呼びませんでした(부르지 않았습니다)
起きます(일어납니다)	起きました(일어났습니다)	起きませんでした(일어나지 않았습니다)
食べます(먹습니다)	食べました(먹었습니다)	食べませんでした(먹지 않았습니다)
します(합니다)	しました(했습니다)	しませんでした(하지 않았습니다)
きます(옵니다)	きました(왔습니다)	きませんでした(오지 않았습니다)

 체크 2. どんな 部屋

こんな(이런), そんな(그런), あんな(저런), どんな(어떤)의 뒤에는 반드시 명사가 뒤따라온다.

• こんな かばんも いいですか。　　　　　　(이런 가방도 좋습니까?)

• 明日は どんな ことろに 行きますか。　　　(내일은 어떤 곳에 갑니까?)

체크 3.　객실 타입(Room Type)

- シングル ルーム(Single room)
  - ➡ 1인용 객실 또는 싱글베드가 있는 객실

- ダブル ルーム(Double room)
  - ➡ 더블 침대가 있는 객실

- ツイン ルーム(Twin room)
  - ➡ 싱글베드 2개가 있는 2인용 객실

- トリプル ルーム(Triple room)
  - ➡ 싱글베드가 3대 설치된 객실. 보통 싱글베드 2개에 extra bed를 추가한다.

- スイート ルーム(Suite Room)
  - ➡ 침실과 거실이 분리되어 있는 고급 객실

체크 4.　「お」와 「ご」

　「お」나 「ご」를 명사 앞에 붙여 상대방에게 속하는 것을 정중히 말할 때 사용한다. 일반적으로 고유 일본어 앞에서는 「お」를, 한자어 앞에서는 「ご」를 붙이는 것이 원칙이나 예외도 상당히 많다.

- お : お名前(성함)　お話(말씀)　　お手洗い(화장실)
- ご : ご住所(주소)　ご自宅(자택)　ご連絡(연락)

　　예외) お電話(전화) お食事(식사) お時間(시간) 등.

체크 5. 何泊_{なんぱく} / 何人_{なんにん}

□ 何泊_{なんぱく}

1泊	2泊	3泊	4泊	5泊
いっぱく	にはく	さんぱく	よんぱく	ごはく
6泊	7泊	8泊	9泊	10泊
ろっぱく	ななはく	はっぱく	きゅうはく	じゅっぱく

□ 何人_{なんにん}

1人	2人	3人	4人	5人
ひとり	ふたり	さんにん	よにん	ごにん
6人	7人	8人	9人	10人
ろくにん	しちにん	はちにん	きゅうにん	じゅうにん

- 今日_{きょう}から 何泊_{なんぱく}ですか。　　　　　(오늘부터 몇 박이십니까?)

- ツインルームには 二人_{ふたり}が 泊_{とま}ります。(트윈룸에는 두 사람이 묵습니다.)

단어체크

泊_{とま}る 묵다, 숙박하다

제10과 회화연습

다음과 같이 주어진 말을 사용해서 옆 사람과 대화를 해 보시오.

1.　A : 昨日 何を しましたか。

　　B : 映画を みました。とても おもしろかったです。

　　① 木村さんと カルビを 食べる　　　　おいしい

　　② テニスを する　　　　　　　　　　楽しい

　　③ 友だちと カラオケに 行く　　　　　歌が 上手だ

단어체크

テニス 테니스 ｜ カラオケ 노래방, 가라오케

2.　A : 昨日 新聞を 読みましたか。

　　B : いいえ, 読みませんでした。

　　① テレビを 見る　　② お酒を 飲む　　③ 学校へ 行く

단어체크

新聞 신문

3.　フロント : 何泊の 予定ですか。

　　田中　　 : 今日から 2泊です。

フロント　：どんな 部屋が よろしいですか。

田中　　　：ツインルームを ふたつ お願いします。

フロント　：はい，かしこまりました。

① 今日から 3泊　　　　　　　トリプルルーム　ひとつ

② 明日から 1泊　　　　　　　ダブルルーム　　みっつ

③ 今日から 4泊　　　　　　　シングルルーム　よっつ

4.　A：明洞は どんな ことろですか。

　　B：明洞は にぎやかで，食べ物が 多い ところです。

① 仁寺洞　　　アンチークショップが 多い　　　昔の 雰囲気で 有名だ

② 慶州　　　　きれいだ　　　　　　　　　　　静かだ

단어체크

アンチークショップ 골동품 점 | 雰囲気 분위기

5.　A：もう 朝ごはんを 食べましたか。

　　B：いいえ，まだです。これから 食べます。一緒に 食べませんか。

① 飛行機の チケット　買う　明日

② 荷物　　　　　　　　送る　今晩

③ 手続き　　　　　　　する　今日

단어체크

チケット 티켓, 표 | 送る 보내다, 부치다 | 一緒に 함께

제10과 연습문제

1. 다음을 읽고 그 뜻을 적어 보시오.

1) 予約 ＿＿＿＿＿＿＿＿　　2) 部屋 ＿＿＿＿＿＿＿＿

3) お名前 ＿＿＿＿＿＿＿＿　　4) 何人 ＿＿＿＿＿＿＿＿

5) 1人 ＿＿＿＿＿＿＿＿

2. 다음을 일본어로 고치시오.

1) 선물은 면세점에서 사지 않았습니다. ＿＿＿＿＿＿＿＿＿＿＿＿＿＿＿＿＿＿＿

2) きむら씨는 일본에 돌아갔습니다. ＿＿＿＿＿＿＿＿＿＿＿＿＿＿＿＿＿＿＿

3) 어떤 방이 좋으십니까? ＿＿＿＿＿＿＿＿＿＿＿＿＿＿＿＿＿＿＿

4) 몇 박 예정이십니까? ＿＿＿＿＿＿＿＿＿＿＿＿＿＿＿＿＿＿＿

3. 다음은 가이드 김영진씨가 어제 たなか씨를 안내한 것에 대해 きむら씨와 이야기하고 있는 장면입니다. 일정표를 참조하여 (   )에 알맞은 말을 적으시오.

9:00〜	バスで 博物館へ 行く
10:00 〜 1:00	博物館を 案内する
1:30 〜 2:30	ビビンパを 食べる
3:00	ホテルに 帰る

金 ：昨日，田中さんと 博物館へ 行きました。

田中：そうでしたか。タクシーで 行きましたか。

金 ：いいえ，(　　　　　　①　　　　　　)

田中：何時に (　　　　②　　　　)

金 ：3時ぐらいでした。

田中：じゃ，3時まで 博物館でしたか。

金 ：いいえ，1時まで 田中さんを 案内(　　　　③　　　　)

　　　それから 昼ごはんを 食べました。

田中：プルゴギを 食べましたか。

金 ：いいえ，プルゴギは (　　　　④　　　　)。ビビンパでした。

　　　おいしかったですよ。

4. 호텔에 전화로 예약하는 장면이다. 테이프를 듣고 예약 정보를 빈칸에 써 넣으시오.

いつから?	何泊?	どんな 部屋?	いくつ?	お名前?

5. 김영진씨가 이야기하는 하루 일과를 듣고 다음 질문에 답하시오.

1) ひるごはんは 食べましたか。　＿＿＿＿＿＿＿＿＿＿

2) 12時までは どこに いましたか。　＿＿＿＿＿＿＿＿＿＿

3) だれと お酒を 飲みましたか。　＿＿＿＿＿＿＿＿＿＿

6. 서울 지도를 보며 田中(たなか)씨와 木村(きむら)씨가 대화를 하고 있다.

대화를 듣고 다음 질문에 답하시오.

> 田中(たなか)さんと 木村(きむら)さんは どこへ 行(い)きますか。

① 인사동　　② 극장　　③ 남대문시장　④ 박물관

단어체크

博物館(はくぶつかん) 박물관　|　お待(ま)ちしております 기다리고 있겠습니다.　|　もちろん 물론　|　帰(かえ)リに 돌아오는 길에

一度(いちど)も 한번도　|　けっこう 상당히, 꽤

읽을거리 9. 골든 위크(Golden Week)

일본의 휴일을 잘 살펴보면 4월말부터 5월 첫째 주에 국경일이 4일이나 끼여 있다. 4월 29일(みどりの日 : 녹색의 날로 우리나라의 식목일과 비슷한데, 원래는 쇼와 왕의 생일이었으나 왕이 죽은 후 휴일의 명칭을 바꿔 현재까지 계속 지정), 5월 3일(헌법기념일), 5월 4일(国民の休日 : 국민의 휴일), 5월 5일(こどもの日 : 어린이날)이 연이어 있다. 게다가 토요일, 일요일이 꼭 들어가기 때문에 1주일 정도 휴일을 보내는 사람도 적지 않다.

일본은 주휴 2일제이므로 주말 연휴와 연결된 경우, 대략 5~9일간의 연휴로 이어져 황금연휴라 부른다. 대부분의 기업체는 물론 관공서, 학교 등이 휴무 상태로 국내 행락지가 혼잡해지고 1년 중 해외여행을 가장 많이 가는 시기이다.

특히, 해외여행의 경우, 각 방면별로 평소의 3~4배의 가격 인상에도 불구하고 좌석잡기가 힘들 정도로 수요가 집중되는 시기이다.

한국의 관광산업도 일본의 황금연휴의 영향을 많이 받아 이 기간에 상당한 호황을 누리고 있다.

第11課。

でんわ
電話を しなければなりません。

第11課。電話を しなければなりません。

손님을 객실로 안내하여 객실 내의 비품이나 설비 등에 대해 설명합니다.
객실 내에는 어떤 시설들이 있는지 생각해 봅시다.
호텔에서의 전화요령에 대해서도 생각해 봅시다.

타나카씨가 자신의 객실에 대해 벨맨의 안내를 받고 있다.

ベルマン： お先に どうぞ。

田中 ： どうも。

ベルマン： こちらが 電気の スイッチで, れいぞうこは あちらです。

田中 ： はい, わかりました。あのう, 日本に 電話を しなければなりませんが。

ベルマン： 国際電話は はじめに 8番です。

田中 ： 8番ですね。

ベルマン： はい, そうです。それから, ベルデスクは 5番です。

田中 ： どうも ありがとう。

ベルマン： では, ごゆっくり どうぞ。

田中 ： あ, あのう, これは チップです。遠慮しないでください。どうぞ。

제11과. 전화를 해야 합니다.

벨맨 : 먼저 들어가십시오.

타나카 : 예, 고마워요.

벨맨 : 이것이 전기 스위치이고, 냉장고는 저쪽입니다.

타나카 : 예, 알겠습니다. 저, 일본으로 전화를 해야 하는데요.

벨맨 : 국제전화는 처음에 8번입니다.

타나카 : 8번이군요.

벨맨 : 예, 그렇습니다. 그리고 벨데스크는 5번입니다.

타나카 : 고맙습니다.

벨맨 : 그럼, 편안한 시간 되십시오.

타나카 : 아, 저, 이것은 팁입니다. 사양하
지 마세요. 받으세요.

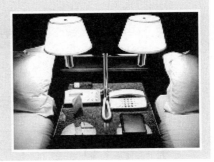

단어체크

お先に どうぞ 먼저 들어가십시오 ｜ 電気 전기 ｜ スイッチ 스위치 ｜ 国際電話 국제전화

はじめに 먼저, 처음에 ｜ 番 ~번 ｜ ベルデスク 벨 데스크(Bell Desk) ｜ チップ 팁(Tip) ｜ 遠慮する 사양하다

✔️ 체크 1. お<ruby>先<rt>さき</rt></ruby>に どうぞ。

「お<ruby>先<rt>さき</rt></ruby>に(먼저)」와 「どうぞ」가 합해진 표현이다. 「どうぞ」는 영어의 please에 해당하는 말로 「~하세요」라는 의미이다. 어떤 행동과 함께 사용해서 그 상황에 맞게 해석이 된다. 여기서는 객실 문을 열고 손님께 말씀드린 것으로 「먼저 들어가십시오」정도로 표현이 된다.

- (엘리베이터 앞에서)　　　　　　お<ruby>先<rt>さき</rt></ruby>に どうぞ
- (먼저 나온 음식을 권하며)　　　 お<ruby>先<rt>さき</rt></ruby>に どうぞ。

✔️ 체크 2. 동사 ない형

동사에 ない(~지 않다)를 붙여 부정형태로 바꾸는 방법을 설명하기로 한다.

1그룹 동사 기본형 마지막 글자의 모음 「ㅜ」를 「ㅏ」로 바꾸고 「ない」

단, <ruby>会<rt>あ</rt></ruby>う(만나다), <ruby>歌<rt>うた</rt></ruby>う(노래 부르다), <ruby>吸<rt>す</rt></ruby>う(피우다) 등과 같이 <u>마지막 글자가 「う」인 1그룹 동사는 「う」를 「わ」로 바꾸고 ない를 붙인다.</u>

ㅏ	あ	か	さ	た	な	は	ま	や	ら	わ ん
ㅣ	い	き	し	ち	に	ひ	み		り	
ㅜ	う	く	す	つ	ぬ	ふ	む	ゆ	る	
ㅔ	え	け	せ	て	ね	へ	め		れ	
ㅗ	お	こ	そ	と	の	ほ	も	よ	ろ	を

2그룹 동사 마지막 글자 「る」를 없앤 다음 「ない」

3그룹 동사 する(하다) ➡ しない(하지 않다)

　　　　　　くる(오다) ➡ こない(오지 않다)

정중하게 나타낼 때는 「ない」 뒤에 「です」를 붙이면 된다.

결국, 「ないです」는 「ありません」과 같은 의미를 지닌다 할 수 있는데, 최근에는 「ないです」를 더 많이 사용하는 경향이 있다.

동사	기본형	ない형	ないです
1그룹	行く(가다) 飲む(마시다) 待つ(기다리다) 呼ぶ(부르다) 会う(만나다)	行かない(가지 않다) 飲まない(마시지 않다) 待たない(기다리지 않다) 呼ばない(부르지 않다) 会わない(만나지 않다)	行かないです(가지 않습니다) 飲まないです(마시지 않습니다) 待たないです(기다리지 않습니다) 呼ばないです(부르지 않습니다) 会わないです(만나지 않습니다)
2그룹	起きる(일어나다) 食べる(먹다)	起きない(일어나지 않다) 食べない(먹지 않다)	起きないです(일어나지 않습니다) 食べないです(먹지 않습니다)
3그룹	する(하다) くる(오다)	しない(하지 않다) こない(오지 않다)	しないです(하지 않습니다) こないです(오지 않습니다)

참고로, ない를 붙이면 그 자체가 하나의 い형용사 형태를 띠게 된다. 따라서 い형용사의 활용 형태를 생각하면 여러 가지로 활용을 할 수 있게 된다.

　예) 行く(가다) ➡ 行かない(가지 않는다)

　　　　　➡ 行かないです(가지 않습니다 : 行きません과 같은 의미)

　　　　　➡ 行かなかったです(가지 않았습니다 : 行きませんでした와 같은 의미)

　　　　　➡ 行かなくて(가지 않아서)

　　　　　➡ 行かない人(가지 않는 사람)

✓ 체크 3. ＼ ないでください

「ない」 다음에 「でください」를 붙이면 「~하지 마세요」라는 정중한 금지표현으로 뭔가를 하지 말도록 지시할 때 사용된다.

- 写真を 撮らないでください。　　　(사진을 찍지 마세요.)

- 芝生に 入らないでください。　　　(잔디밭에 들어가지 마세요.)

단어체크

撮る 찍다 ｜ 芝生 잔디밭

✓ 체크 4. ＼ なければなりません

「ない」 대신에 「なければなりません」을 붙이면 「~하지 않으면 안됩니다. ~해야만 합니다」라는 당연함, 의무를 나타내는 표현이 된다.

한편, 「ない」 대신에 「なくてもいいです」를 붙이면 「~하지 않아도 됩니다」라는 의미의 표현이 된다.

- 明日まで 予約しなければなりません。(내일까지 예약하지 않으면 안됩니다.)

- 早く ホテルへ 帰らなければなりません。(일찍 호텔에 돌아가야만 합니다.)

- A : コートを脱がなければなりませんか。(코트를 벗어야 합니까?)

  B : いいえ, 脱がなくてもいいですよ。(아니오, 벗지 않아도 됩니다.)

단어체크

コート 코트 ｜ 脱ぐ 벗다

제1과 회화연습

다음과 같이 주어진 말을 사용해서 옆 사람과 대화를 해 보시오.

1.　A : あのう, ここで 写真を 撮らないでください。

　　B : あ, どうも すみません。

　　① たばこを 吸う　　　② 寝る　　　③ お酒を 飲む

2.　A : 私が かばんを 持ちます。

　　B : いいえ, 持たなくてもいいです。

　　① 一緒に 行く　　　② タクシーを 呼ぶ　　　③ チケットを 買う

3.　A : あした テストが あります。

　　B : じゃ, 勉強しなければなりませんね。

　　① 釜山へ 行く　　　　早く 寝る

　　② 映画を 見る　　　　予約を する

　　③ 日本へ 帰る　　　　お土産を 買う

4.　ベルマン : こちらが 電気の スイッチで, れいぞうこは あちらです。

　　田中　　 : はい, わかりました。あのう, 国際電話は 何番ですか。

ベルマン ： 国際電話は 8番です。

田中　　　： 8番ですね。

ベルマン ： はい, そうです。それから, ベルデスクは 5番です。

田中　　　： どうも ありがとう。

ベルマン ： では, どうぞ ごゆっくり。

① れいぞうこ　　　　浴室　　　　ルームサービス　　　3番

② 電気の スイッチ　　クーラー　　コーヒーショップ　　7番

③ 洋服だんす　　　　浴室　　　　フロント　　　　　　0番

단어체크

持つ 들다, 갖다 ┃ 浴室 욕실 ┃ ルームサービス 룸 서비스 ┃ クーラー 에어컨 ┃ コーヒーショップ 커피숍
洋服だんす 양복장

제11과 연습문제

1. 예와 같이 밑줄 친 동사의 기본형을 찾아 ない형으로 바꿔보시오.

예) 飲みません	➡	飲む	➡	飲まない

1) 食べません　➡　　　　　➡

2) しません　➡　　　　　➡

3) 乗りません　➡　　　　　➡

4) 買いません　➡　　　　　➡

5) 帰りません　➡　　　　　➡

2. 주어진 단어를 이용하여 예와 같이 해 보시오.

예) ビールを 飲む	➡	ビールを 飲まないでください。

1) 電話番号を 忘れる　➡

2) 部屋に 入る　➡

3) バスに 乗る　➡

4) テレビを 見る　➡

5) こちらに 来る　➡

> 예) 早く 行く ➡ 早く 行かなければなりません。

1) 風邪ですから 薬を 飲む ➡

2) 用事がありますから 早く 帰る ➡

3) 忙しいですから あなたも 手伝う ➡

4) 明日は テストですから 勉強する ➡

5) 日本へ 行きますから 明日は 早く 起きる ➡

3. 주어진 단어와 ない형태를 사용하여 다음을 일본어로 고치시오.

1) 예약하지 않아서 곤란했습니다. (予約する 困る)

2) 서울까지 버스는 타지 않았습니다. (乗る)

3) 면세점에서 사지 않았습니다. (買う)

4) 기다리지 않는 사람도 있었습니다. (待つ)

4. 다음 문장을 읽고 밑줄 친 곳을 완성하시오. (반드시 ない형태가 들어가도록 하시오.)

1) 明日, 会社へ 行きますか。

　　明日は 休みですから, 会社へ ＿＿＿＿＿＿＿＿＿＿＿。

2) かばんの 鍵を かけなくてもいいですね。

　　いいえ, お金や パスポートも ありますから, ＿＿＿＿＿＿＿＿＿＿＿。

3) じゃ, 消しますよ。

　　あっ, わたしは まだですから, ＿＿＿＿＿＿＿＿＿＿＿。

4) たばこでも 一緒に 吸いますか。

ここは 禁煙ですから, ＿＿＿＿＿＿＿＿＿＿＿＿＿＿＿。

5. 다음 대화를 듣고 질문에 답하시오.

> 田中さんは 何を 使いましたか。

정답 : ＿＿＿＿＿＿＿＿＿＿

6. 다음 대화를 듣고 질문에 답하시오.

1) 金さんは どうして 早く 帰らなければなりませんか。

2) 金さんは 何時に ホテルに 着きますか。

단어체크

忘れる 잊다 ｜ 風邪 감기 ｜ 薬を 飲む 약을 먹다 ｜ 手伝う 돕다 ｜ 困る 곤란하다 ｜ 鍵 열쇠

かける 잠그다 ｜ 消す 끄다 ｜ 禁煙 금연 ｜ コンピューター 컴퓨터 ｜ 新しい 새롭다 ｜ 使う 사용하다

重要だ 중요하다

읽을거리 10. 벚꽃(さくら)과 오하나미(お花見 : おはなみ)

　일반적으로 벚꽃을 일본의 국화(国花)라고 생각하고 있으나, 일본은 국화가 법으로 정해져 있지 않다. 다만, 일본 황실을 상징하는 국화(菊花)와 더불어 국화(国花)처럼 여기고 있는 것이다.

　벚꽃은 3월 하순부터 4월에 걸쳐 북상하면서 꽃이 피기 시작하여 약 일주일 정도면 활짝 피는데, 이때 술과 음식을 장만하여 꽃을 감상하며 즐기는데 이것을 오하나미라고 한다.

　벚꽃이 활짝 피는 시기가 되면 각지에서 오하나미 행사가 열리는데, 회사의 신입 사원들이 아침부터 좋은 자리를 골라 돗자리를 깔고 다른 사원들이 오기를 기다리는 풍경도 흔히 볼 수 있다.

　하나미(花見)란 말 그대로 「花(꽃 화) + 見(볼 견)」으로 '꽃을 바라보다.' 즉 '꽃구경을 하다.'라는 뜻이다. 그러나, '하나미'는 단순히 그냥 꽃구경이 아니다. 일본의 하나미에는 긴 역사가 얽혀 있다.

　하나미가 성대하게 시작된 것은 헤이안 시대이며, 지금과 같이 오락성을 띠며 일반 사람들에게 널리 정착하게 된 것은 에도 시대부터라고 한다. 부자나 가난한 사람들이나 모두 각자의 집단을 형성하여 하나미를 즐겼고, 그 안에서 특히 「茶番(ちゃばん)」이라고 하는 익살극(토막극)을 선보이기도 했다.

　결국 에도 시대의 하나미란 심한 속박 속에서 생활하고 있던 서민들이 힘들고 고된 일상에서 벗어나 기분 전환을 하여 다시 생기를 찾는 데에 그 의미가 있었던 것이다.

第12課。

見せてください。

第12課。見せてください。

> 관광시 지불수단은 어떤 것들이 있을까요?
> 또한, 각 지불수단의 장단점에 대해 생각해봅시다.

타나카씨가 쇼핑센터에서 물건을 고르고 있다.

店員　　：いらっしゃいませ。

田中　　：すみません，その　セーターを　着てみても　いいですか。

店員　　：この　赤い　セーターですか。はい，どうぞ。お客様に　よく　似合いますね。

田中　　：これは　いくらですか。

店員　　：税込みで　83,500ウォンです。

田中　　：83,500ウォン？　高いですね。

店員　　：それじゃ，これは　いかがですか。64,000ウォンです。

田中　　：いいですね。それに　します。カードで　払ってもいいですか。

店員　　：はい，けっこうです。

제12과 보여 주세요.

점원　　: 어서 오십시오.

타나카　: 미안한데요, 그 스웨터 입어 봐도 되나요?

점원　　: 이 빨간 스웨터요? 예, 입어보세요. 손님에게 잘 어울리시네요.

타나카　: 이것은 얼마입니까?

점원　　: 세금 포함해서 83,500원입니다.

타나카　: 83,500원요? 비싸네요.

점원　　: 그러면 이것은 어떠십니까? 64,000원입니다.

타나카　: 좋네요. 그것으로 하겠습니다. 카드로 지불해도 좋습니까?

점원　　: 예, 괜찮습니다.

단어체크

セーター 스웨터 ｜ 着てみる 입어 보다 (➡ 着る: 입다 + てみる: ~해 보다) ｜ よく 잘, 자주 ｜ 似合う 어울리다

税込み 세금 포함 ｜ それじゃ 그러면 ｜ いかがですか 어떠십니까? (➡ どうですか의 공손한 표현)

ウォン 원 (➡ 円, ドル, ユーロ) ｜ 払う 지불하다 ｜ けっこうです 괜찮습니다

✅ 체크 1. ＼ て형

「て」의 의미 : ～하고, ～해서

□ **활용방법**

	기본형	て			
1그룹 동사	○く	○いて	書く(쓰다)	➡	書いて(쓰고, 써서)
	○ぐ	○いで	脱ぐ(벗다)	➡	脱いで(벗고, 벗어서)
	○う ○つ ○る	○って	買う(사다) 待つ(기다리다) 乗る(타다)	➡ ➡ ➡	買って(사고, 사서) 待って(기다리고, 기다려서) 乗って(타고, 타서)
	○ぬ ○ぶ ○む	○んで	死ぬ(죽다) 呼ぶ(부르다) 飲む(마시다)	➡ ➡ ➡	死んで(죽고, 죽어서) 呼んで(부르고, 불러서) 飲んで(마시고, 마셔서)
	○す	○して	話す(이야기하다)	➡	話して(이야기하고, 이야기해서)
2그룹 동사	○る	○て	起きる(일어나다) 食べる(먹다)	➡ ➡	起きて(일어나고, 일어나서) 食べて(먹고, 먹어서)
3그룹 동사	する くる	して きて	する(하다) くる(오다)	➡ ➡	して(하고, 해서) きて(오고, 와서)
예외	行く	行って	行く(가다)	➡	行って(가고, 가서)

✅ 체크 2. ＼ ～にします

「～にする」는 「～으로 하다」라는 의미로 여러 가지 중에서 선택할 때 사용하는 문형이다.

- メニューは 何に しますか。　　　(메뉴는 무엇으로 하시겠습니까?)

- 私は コーヒーに します。　　　(저는 커피로 하겠습니다.)

체크 3.　てもいいですか

「~해도 좋습니까?」라는 의미의 상대방에게 허가를 구하는 표현이다.

- たばこを 吸ってもいいですか。　　　　(담배를 피워도 됩니까?)

- 早く 帰ってもいいですか。　　　　　　(일찍 돌아가도 좋습니까?)

이 경우 대답을 「~하면 안됩니다.(~てはいけません), ~하지 마세요(~ないでください)」 등과 같은 표현은 강한 거절의 느낌을 지니고 있어, 규칙이나 법률 등에 의해 허가되지 않는 경우에 많이 사용된다. 그러므로, 「はい, いいです : 예, 좋아요」, 「はい, どうぞ : 예, 하세요」, 「いいえ : 아니오」, 「いいえ, ちょっと(こまります) : 아니오, 좀(곤란합니다)」 등과 같은 대답이 자연스럽다.

- 博物館で 写真を撮ってはいけません。 (박물관에서 사진을 찍으면 안 됩니다.)

- 芝生に 入ってはいけません。　　　　　(잔디밭에 들어가면 안 됩니다.)

Q : すみませんが, この地図 もらってもいいですか。

　　(죄송합니다만, 이 지도 받아도 되나요?)

A1 : はい, どうぞ。

　　(예, 가져가세요.)

A2 : いいえ, ちょっと 困ります。一枚 しか ありません。

　　(아니요, 좀 곤란한데요. 한 장 밖에 없습니다.)

단어체크

たばこを 吸う 담배를 피우다 ｜ 地図 지도 ｜ もらう 받다 ｜ しか ~밖에

체크 4. ＼ てください

「~해 주세요」라는 의미로 상대방에게 의뢰하거나 부탁할 때 사용하는 표현이다.

- すみません, もう一度 言ってください。

  (죄송합니다만, 다시 한 번 말씀해 주세요.)

- 朝 6時に 起こしてください。

  (아침 6시에 깨워 주세요.)

- こちらに サインしてください。

  (여기에 사인해 주십시오.)

단어체크

もう一度 다시 한 번 ┃ 起こす 깨우다 ┃ サイン 사인

제12과 회화연습

1. 다음과 같이 주어진 말을 사용해서 옆 사람과 대화를 해 보시오.

    A : お飲み物は 何に しますか。

    B : 私は コーヒーに します。Cさんは?

    C : 私も コーヒーに します。

      ① お飲み物　コーラ　紅茶　　② お食事　牛丼　牛丼

      ③ お食事　冷麺　牛丼

2. 다음 주어진 단어를 사용하여 예와 같이 옆 사람과 대화를 해 보시오.

    A : 暑いですね。水を 買いますか。　(水を 買う)

    B : ええ, 買ってください。

      ① うるさい　　窓を 閉める　　　　② きれいだ　　写真を 撮る

      ③ 遅い　　　　電話を する

3. 다음 예문과 같이 주어진 단어를 사용하여 옆 사람에게 부탁을 해봅시다.

    1) すみません, こちらに サインを <u>(する) してください。</u>

    2) すみません, お金を <u>(貸す)　　　　　　　。</u>

3) すみません，タクシーを (呼ぶ)＿＿＿＿＿＿＿。

4) すみません，写真を (撮る)＿＿＿＿＿＿＿。

5) すみません，お名前を (書く)＿＿＿＿＿＿＿。

4. 예와 같이 그림을 보고 옆 사람에게 허락을 구해보고, 옆 사람은 그에 맞게 대답을 해보자.

お酒を飲む	Q. お酒を飲んでもいいですか。 A. はい，どうぞ。
たばこを吸う	Q. A.
お風呂に入る	Q. A.
本を読む	Q. A.
そばを食べる	Q. A.

단어체크

牛丼 소고기 덮밥 ｜ 閉める 닫다 ｜ 遅い 늦다 ｜ お金 돈 ｜ 貸す 빌려주다 ｜ お風呂に入る 목욕하다
そば 메밀국수

제12과 연습문제

1. 다음 한자를 읽어 보시오.

　1) お客様　　2) お食事　　3) お飲み物　　4) 写真

2. 다음 밑줄 친 곳은 동사를 활용한 것입니다. 기본형을 적으시오.

　1) もう一度 <u>言ってください</u>。

　2) たばこを <u>吸ってもいいですか</u>。

　3) 早く <u>帰ってもいいですか</u>。

　4) こちらに <u>サインしてください</u>。

　5) タクシーを <u>呼んでください</u>。

　6) はい, <u>書いてもいいです</u>。

　7) こちらを <u>見てください</u>。

3. 다음 제시된 문장들을 예문과 같이 て형태를 사용하여 한 문장으로 만드시오.

> 예)　① 7時に 起きます。
>
> 　　② 顔を 洗います。
>
> 　　③ 家を 出ます。
>
> ➡ 7時に 起きて, 顔を 洗って, 家を 出ます。

1) ① 明日(あした)は 東京(とうきょう)へ 行(い)きます。

② 木村(きむら)さんに 会(あ)います。

③ 一緒(いっしょ)に 東京(とうきょう)タワーを 見学(けんがく)します。

2) ① 昨日(きのう)は ソウルに行(い)きました。

② 明洞(みょんどん)で ガルビを 食(た)べました。

③ 帰(かえ)りました。

4. 다음 표를 완성하시오.

동사 종류	기본형	ます형	て형
2그룹 동사	食(た)べる	食(た)べます	食(た)べて
	먹다		
	売(う)る		
	팔다		
	聞(き)こえる		
	들리다		
	打(う)つ		
	치다, 때리다		
	くる		
	오다		
	話(はな)す		
	이야기하다		
형용사 종류	기본형	です형	て형
い형용사	高(たか)い	高(たか)いです	高(たか)くて
	비싸다		
	親切(しんせつ)だ		
	친절하다		
	辛(から)い		
	맵다		

5. 테이프의 질문에 맞는 답을 ①, ②, ③ 중에서 고르시오.

1)　　①　　　　②　　　　③

2)　　①　　　　②　　　　③

3)　　①　　　　②　　　　③

6. 얼마를 지불할까요?

가격 : ＿＿＿＿＿＿＿

단어체크

顔 얼굴 ｜ 洗う 씻다 ｜ 東京タワー 도쿄타워 ｜ 見学する 견학하다 ｜ 売る 팔다 ｜ 聞こえる 들리다
打つ 치다, 때리다 ｜ 勧める 권하다 ｜ 青い 파랗다 ｜ 高すぎる 너무 비싸다 ｜ 仕方がない 도리가 없다

읽을거리 11. 가부키

17세기에 성립된 일본의 대표적인 서민 연극으로 오늘날에도 다른 전통극보다 가장 많은 애호가를 보유하고 있다. 국제적으로도 가부키 특유의 무대, 배우의 독특한 화장술, 여자 배우가 없고 남자 배우만으로 연기되는 점 등으로 주목을 받아 왔다.

화려한 무대와 양식미가 있어, 오늘날에도 다른 전통극보다 많은 애호가를 보유하고 있다. 가부키는 원래 여자들이 중심이 되어 시작되었지만, 풍기 문란의 이유로 여자 배우가 없고 남자만의 연극으로 변하게 되었다. 그리고 극의 마지막은 우리나라 고소설의 권선징악과 같이 해피 엔드로 끝나는 경우가 많다. 우리말에 남아 있는 [18번]이라는 말은 이치카와(市川) 집안에서 대대로 행해 온 [아라고토(荒事)]의 대표작 18종목을 [주하치반(十八番)]이라고 한 데에서 유래된 것이다.

가부키는 독특한 무대 장치로 유명한데, 근세를 통해 개발된 회전 무대, 하나미치(花道 : 무대 왼편에서 객석을 건너질러 마련된 통로), 슷폰 (スッポン : 하나미치 중간에 뚫린 구멍으로, 이 구멍을 통해 요괴 등으로 분장한 배우들이 튀어나오곤 한다) 등은 서양 연극에도 영향을 준 것으로 알려져 있다. 또 무대 예술로서 가부키는 무용극이며 음악극의 성격도 중요시되고 있다. 여기에는 일본의 대표적 전통 악기로 알려진 샤미센(三味線)이 중요한 역할을 하고 있다.

부록

연습문제 정답

 제1과 はじめまして。

1. 　1) あれは　なんですか。 　　　2) にほんじんですか。

　　　3) わたしの　かばんです。 　　　4) かいしゃいんですか。

2. 　1) ろってホテルです。

　　　2) かんこくの　한겨레しんぶんです。

　　　3) わたしは　○○だいがくの　がくせいです。

　　　4) わたしは　きむらです。

3. 　1) きむらさん<u>は</u>　さくら　りょこうしゃ<u>の</u>　てんじょういん<u>です</u>。

　　　2) たなかさん<u>も</u>　ガイド<u>ですか</u>。

　　　3) <u>こちらこそ</u>　よろしく。

　　　4) <u>いいえ</u>,　わたしは　てんじょういんです。

4. 　1) こちらこそ 　　　　　　2) てんじょういん

　　　3) めんぜいてん 　　　　　4) こうくう

5. 　1) ①　　2) ②　　3) ②　　4) ②

6. 　1) ロッテホテルの　ベルマン

　　　2) さくら　りょこうしゃ

제2과 これは なんですか。

1. 1) ②　2) ①　3) ④　4) ②

2. 1) この カードは 何^{なん}ですか。

   2) お手洗^{てあら}いは あそこです。

   3) その 日本語^{にほんご}の 本^{ほん}は 私^{わたし}のじゃ ありません。

   4) あれは 田中^{たなか}さんの かばんです。

3. 1) かんこくの キムチじゃ ありません(ないです)

   2) こうちゃじゃ ありません(ないです)

   3) わたしの かばんじゃ ありません(ないです)

   4) あれは がっこうじゃ ありません(ないです)

4. 1) それは でんわです。

   2) これは にほんごの ほんです。

   3) あれは だいがくです。

   4) たなかさんの かばんは あれです。

5. A ①　B ③　C ②　D ③

6. 1) いいえ, かいしゃいんじゃ ありません。

   2) わたしの パスポートです。

   3) はい, その でんわは たなかさんのです。

   4) いいえ, あれは ロッテホテルじゃ ありません(ないです)。

7. きむら: 가방　　たなか: ほん

제3과 いくらですか。

1.　1) さんびゃくろくじゅう　　　2) はっぴゃくななじゅう

　　3) ひゃくじゅうごまん　　　　4) よんまんさんぜんにひゃく

　　5) せんごひゃくよんじゅう

2.　1) パスポート　2) ベルマン　3) ホテル　　4) カジノ

3.　1) なんじ　　　2) いくら　　3) おいくつ　　4) なんじ

4.　1) ①　　　　2) ②　　　　3) ②　　　　4) ①

5.　1) くじ にじゅっぷん (9時 20分)　　　2) しちじ はん (7時 半)

　　3) よじ さんじゅっぷん (4時 30分)　　4) ごご しちじ (午後 7時)

6.　1) 2856　　　2) 0563　　　3) 8　　　4) 71

7.　1) ぜろにの にさんよんの さんよんごはち (02-234-3458)

　　2) にひゃく ろくじゅう えん (260えん)

　　3) さんびゃく はちじゅう えん (380えん)

제4과 サウナでも 一緒に どうですか。

1.

3時 51分 •		• しちじ さんぷん
7時 3分 •		• さんじ ごじゅういっぷん
9時 22分 •		• よじ よんじゅうごふん
10時 半 •		• じゅうじ はん
4時 45分 •		• くじ にじゅうにふん

2.　1) はちじ ごふんです。(8時 5分です。)

　　2) くじ さんじゅっぷんです。(9時 30分です。)

　　3) じゅういちじ じゅっぷんです。(11時 10分です。)

　　4) いちじ さんじゅっぷんです。(1時 30分です。)

　　5) よじ よんじゅっぷんです。(4時 40分です。)

3.　1) 생략　　　2) 생략　　　3) 생략

　　4) 明日は 月曜日 です。　　　5) テストは 金曜日 からです。

4.　1) どようび　　2) きんようび　3) 3時 24分　　4) 4時 51分

5.　1) 11時からです。2) 日曜日 です。3) ドイツは 今 午前 3時 20分です。

 第5과 みなさま, 韓国へようこそ。

1.　1) は, から, まで　　　　2) は, の

　　3) も, の　　　　　　　　4) の, も, まで

2.　1) 昨日の 夕ごはんは カルビでした。

　　2) スケジュールは 今日から 5月 14日までです。

　　3) 景福宮までは 地下鉄で 1時間ぐらいです。

　　4) 私は ロッテ旅行社の 添乗員, 김영진と 申します。

3.　1) みどりの 日は 4月 29日です。

　　2) じゅういちがつ みっかは 文化の 日です。

3) 体育の 日は 10月 10日です。

4) ごがつ みっかは 憲法 記念日です。

5) 子供の日は 5月 5日です。

4. 1) 4月 28日　　2) 5月 8日　　3) 7月 20日　　4) 3月 29日

5. 1) 4月 14日

2) いいえ, 旅行は 金曜日からです。

3) テストは 17日から 20日までです。

4) 私の 誕生日は 5日でした。

5) いいえ, 休みじゃありません。デートです。

6. 1) きむらさんの デートは 明日です。

　　いいえ, にほんの クリスマスは 休みじゃありません。

2) 木村さんの おたんじょうびは 7月 14日です。

제6과 どこに ありますか。

1. 1) 山田さんは 部屋の 中に います。

2) かばんは ドアの 前に あります。

3) 部屋の 中に だれか いますか。

4) いいえ, だれも いません。

2. 1) めんぜいてん(면세점)　2) へや(방, 객실)　　3) みぎ(오른쪽)

4) にもつ(짐, 화물)　　5) うえ(위, 위쪽)

3. 1) います ➡ あります　2) だれか ➡ だれも 또는 いません ➡ いますか

　 3) います ➡ あります。 4) 틀린 곳 없음

4. ④

5. 생략

6. 1) ○　2) ×　3) ○　4) ×　5) ○　6) ×

제7과 <ruby>安<rt>やす</rt></ruby>くて おいしいです。

1. 1) みっつ, いつつ　　　　2) さんばい

　 3) いっぽん, よんほん

2. 1) ちかてつ　　2) りょこう　　3) ちゅうもん　4) きょう

　 5) あつい　　　6) やすい　　　7) たかい　　　8) ちかい

3. 1) いらっしゃいませ。　　　2) こちらへ どうぞ。

　 3) ごちそうさまでした。　　4) いただきます。

4. 1) あそこに <ruby>安<rt>やす</rt></ruby>い <ruby>店<rt>みせ</rt></ruby>が あります。

　 2) これは おいしい <ruby>韓国<rt>かんこく</rt></ruby>の キムチです。

　 3) これは おもしろい <ruby>日本語<rt>にほんご</rt></ruby>の <ruby>本<rt>ほん</rt></ruby>です。

5. 1) おいしい　　　　　　　2) <ruby>寒<rt>さむ</rt></ruby>い

　 3) たかい, やさしい　　　4) <ruby>近<rt>ちか</rt></ruby>い　　　　5) いい

6. 1) ③　　　　2) ②　　　　3) ③

제8과 カジノが 好きですか。

1. 1) ここは 静かな ホテルです。

   2) あそこは 有名な レストランです。

   3) 木村さんは とても 親切な ホテルの ドアマンです。

2. 1) ひまです。　　　　　　　　ひまでした。

   　ひまじゃないです。　　　　ひまじゃなかったです。

   2) まじめです。　　　　　　　まじめでした。

   　まじめじゃないです。　　　まじめじゃなかったです。

   3) 好きです。　　　　　　　　好きでした。

   　好きじゃないです。　　　　好きじゃなかったです。

3. 1) いいえ, 元気じゃありません(ないです)。

   2) いいえ, お酒が 嫌いじゃありません。とても 好きです。

   3) 鈴木さんは とても きれいな 人です。

   4) 山本さんは ピアノが 上手です。

   5) いいえ, ひまじゃありませんでした。(なかったです)

4. 1) ○　2) ×　3) ×

5. 1) 東京です。　　　　　　　　2) 北海道は 寒いからです。

   3) 木村さんの ふるさとからです。

6. 1) ④　2) ①　3) ②　4) ③

제9과 どこで 食べますか。

1。 1) バス   2) ホテル

   3) レストラン   4) メニュー

   5) ビール

2.

동사종류	기본형	～ます	～ません
1그룹동사	会う 만나다.	会います	会いません
1그룹동사	行く 가다	行きます	行きません
2그룹동사	食べる 먹다	食べます	食べません
1그룹동사	着く 도착하다	着きます	着きません
2그룹동사	起きる 일어나다	起きます	起きません
2그룹동사	寝る 자다	寝ます	寝ません
예외 1그룹동사	帰る 돌아가다	帰ります	帰りません
3그룹동사	する 하다	します	しません
1그룹동사	待つ 기다리다	待ちます	待ちません

3. 1) 飲む (마시다)   2) 読む (읽다)   3) 乗る (타다)

   4) 買う (사다)   5) 見る (보다)   6) する (하다)

   7) 終る(끝나다)   8) いる (있다)

4.   1) ①   2) ②   3) ②   4) ②

5.   ラーメンを 食べます。

6.   ④

7.   ③

제10과 予約しましたか。

1.   1) よやく(예약)   2) へや(객실)   3) おなまえ(성함)

    4) なんにん(몇 명)   5) ひとり(한 사람)

2.   1) お土産は 免税店で 買いませんでした。

    2) 木村さんは 日本へ 帰りました。

    3) どんな 部屋が よろしいですか。

    4) 何泊の 予定ですか。

3.   ① タクシーで 行きませんでした。バスでした。

    ② 帰りましたか。

    ③ しました。

    ④ 食べませんでした

4.

いつから?	何泊?	どんな 部屋?	いくつ?	お名前?
明日(5月 2日)から	3泊	ツインルーム	一つ	鈴木一朗

5.　1) いいえ, 食^たべませんでした。

　　2) 会社^{かいしゃ}に いました。

　　3) 友^{とも}だちと お酒^{さけ}を 飲^のみました。

6.　②

제11과 電話^{でんわ}を しなければなりません。

1.　1)　食^たべません　➡　食^たべる　➡　食^たべない

　　2)　しません　➡　する　➡　しない

　　3)　乗^のりません　➡　乗^のる　➡　乗^のらない

　　4)　買^かいません　➡　買^かう　➡　買^かわない

　　5)　帰^{かえ}りません　➡　帰^{かえ}る　➡　帰^{かえ}らない

2.　1) 電話番号^{でんわばんごう}を 忘^{わす}れないでください。

　　2) 部屋^{へや}に 入^{はい}らないでください。

　　3) バスに 乗^のらないでください。

　　4) テレビを 見^みないでください。

　　5) こちらに 来^こないでください。

　　1) 風邪^{かぜ}ですから 薬^{くすり}を 飲^のまなければなりません。

2) 用事_{ようじ}がありますから 早_{はや}く 帰_{かえ}らなければなりません。

3) 忙_{いそが}しいですから あなたも 手伝_{てつだ}わなければなりません。

4) 明日_{あした}は テストですから 勉強_{べんきょう}しなければなりません。

5) 日本_{にほん}へ 行_いきますから 明日_{あした}は 早_{はや}く 起_おきなければなりません。

3.　1) 予約_{よやく}しなくて 困_{こま}りました。

2) ソウルまで バス(に)は 乗_のらなかったです。

3) 免税店_{めんぜいてん}で 買_かわなかったです。

4) 待_またない 人_{ひと}も いました。

4.　1) 行_いかなくてもいいです。　　2) かけなければ なりません。

3) 消_けさないでください。　　4) 吸_すわないでください。

5.　④

6.　1) お客_{きゃく}さまと 重要_{じゅうよう}な 約束_{やくそく}が ありますから。

2) 7時_じ 20分_{ぷん}です。

제12과 見_みせてください。

1.　1) おきゃくさま　　2) おしょくじ
　　3) おのみもの　　4) しゃしん

2. 1) 言う (말하다)　　　2) 吸う (피우다)

　　3) 帰る (돌아오다, 돌아가다)　　4) サインする (사인하다)

　　5) 呼ぶ (부르다)　　　6) 書く (쓰다, 적다)

　　7) 見る (보다)

3. 1) 明日は 東京へ 行って, 木村さんに 会って, 一緒に 東京タワーを 見学します。

　　2) 昨日は ソウルに 行って, 明洞で ガルビを 食べて, 帰りました。

4.

동사종류	기본형	ます형	て형
2그룹동사	食べる 먹다	食べます	食べて
1그룹동사	売る 팔다	売ります	売って
2그룹동사	聞こえる 들리다	聞こえます	聞こえて
1그룹동사	打つ 치다, 때리다	打ちます	打って
3그룹동사	くる 오다	来ます	来て
1그룹동사	話す 이야기하다	話します	話して
형용사종류	기본형	です형	て형
い형용사	高い 비싸다	高いです	高くて
な형용사	親切だ 친절하다	親切です	親切で
い형용사	辛い 맵다	辛いです	辛くて

5. 1) ①　　　2) ②　　　3) ③

6. 57,000ウォン

읽을거리 12. 일본의 복을 불러오는 상징물

◎ 마네키네코(招き猫)

　고양이는 일본 속담에도 곧잘 등장할 정도로 예부터 일본에서 가장 사랑받는 애완동물이라 할 수 있다.

　상점의 쇼윈도나 술집의 카운터 등에 놓여 있는 장식용 인형인 마네키네코는 앞발로 사람을 부르는 모습을 한 고양이 인형을 말하는데, 손님을 부르는 것처럼 한 손을 들고 있다. 오른손을 들면 금전, 왼손을 들면 손님을 부른다고 한다.

　양손을 든 고양이는 너무 욕심을 부리면 포기하는 것이 된다고 하여 존재하지 않는다.

◎ 칠복신(七福神)

　칠복신은 상가 번영, 입신 출세, 가내 안정, 금전운 등의 복을 가져다 준다는 일곱 신이다. 불교나 신도, 도교 등의 신이나 성인으로 이루어진 것으로 보물선에 탄 모습으로 그려지고 있는데, 장수, 복, 인덕, 장사 번영, 금전, 승리와 복, 풍어와 금전운을 가져온다고 한다.

　연초에 신사에서 칠복신에게 제사를 지내고 일곱 신에게 순서대로 절하는 풍습이 지금까지 전해 오고 있다.

청취 스크립트

 1。はじめまして。

4. 테이프를 듣고 빈칸을 채워 문장을 완성하시오.

1) <u>こちらこそ</u> よろしく おねがいします。

2) キムさんは <u>てんじょういん</u>ですか。

3) わたしは さくら <u>めんぜいてん</u>の きむらです。

4) わたしの かいしゃは にほん<u>こうくう</u>です。

5. 테이프를 듣고 정확한 발음의 단어를 고르시오.

1) ようじ　　　　　　　　　2) おばさん

3) しょめい　　　　　　　　4) よやく

6. 테이프를 듣고 대답하시오.

きむら ： はじめまして。わたしは きむらです。ロッテホテルの ベルマンです。

　　　　 それから こちらは たなかさんです。

たなか ： おはようございます。たなかです。さくら りょこうしゃの ガイドです。

　　　　 どうぞ よろしく。

2。これは なんですか。

5. 듣고 맞는 것을 고르시오.

    Ａ：とけい   Ｂ：ぜいかん

    Ｃ：かいしゃいん   Ｄ：がっこう

6. 테이프의 질문을 듣고 일본어로 답하시오.

    1) たなかさんは かいしゃいんですか。

    2) これは あなたの パスポートですか。

    3) この でんわは たなかさんのですか。

    4) あれは ロッテホテルですか。

7. 테이프를 듣고 답하시오.

> 키무라씨와 타나카씨 것은 각각 무엇인가요?

    Ａ：あれは きむらさんのほんですか。

    Ｂ：いいえ, たなかさんの ほんです。

    Ａ：そうですか。それは なんですか。

    Ｂ：これですか。これは かばんです。

    Ａ：だれの かばんですか。

    Ｂ：この かばんは きむらさんのです。

3。いくらですか。

4. 테이프를 듣고 바른 것을 고르시오.

1) かんこく
2) かぎ
3) くうき
4) つき

5. 테이프를 듣고 몇 시인지 적어보시오.

1) A : すみません、いま なんじですか。
B : えーと、9じ 20ぷんです。

2) A : 食事は なんじからですか。
B : 7じ はんからです。

3) A : なんじの ひこうきですか。
B : 4じ 30ぷんの ひこうきですよ。

4) A : デパートは なんじまでですか。
B : デパートですか。ごご 7じまでです。

6. 테이프를 듣고 빈칸에 숫자를 채워 넣으시오.

1) 02-2856-1079
2) 017-332-0415
3) 3,810円
4) 71,050円

7. 테이프를 듣고 질문에 답하시오.

1) A : すみません、かんこく ホテルの でんわばんごうを おねがいします。
B : かんこく ホテルですか。ちょっと まって ください。えーと、
02-234-3458です。

　　　A : 3485ですね。

　　　B : いいえ, 3458です。

　　➡ かんこく ホテルの でんわばんごうは?

2)　A : すみません。コーヒーください。

　　　B : はい, 260えんです。ありがとうございます。

　　➡ コーヒーは いくらですか。

3)　A : いらっしゃいませ。ご注文は。

　　　B : そうですね。ラーメンは いくらですか。

　　　A : 470えんです。

　　　B : 470えん。じゃ, うどんは?

　　　A : うどんは 380えんです。

　　　B : じゃ, うどんください。

　　　A : はい。ありがとうございます。

　　➡ うどんは いくらですか。

4。サウナでも 一緒に どうですか。

4. 테이프를 듣고 적어보시오.

　1) どようび　　　　　　　2) きんようび

　3) 3時 24分　　　　　　4) 4時 51分

5. 테이프를 듣고 질문에 답하시오.

1)　A : たなかさん, いま なんじですか。

　　B : 10じ 40ぷんです。

　　A : えっ! もう 10じ 40ぷん? たいへん。

　　B : どうしてですか。

　　A : 実は 11じから テストなんです。

　　➡ テストは なんじからですか。

2)　A : 中村さんの おたんじょうびは 明日ですね。

　　B : ええ, 今日が 土曜日ですから。

　　➡ 中村さんの お誕生日は 何曜日ですか。

3)　A : もしもし, 木村さんですか。

　　B : はい。

　　A : わたし, 佐藤です。いま, ドイツは 何時ですか。

　　B : 今, 午前 3時 20分ですよ。

　　A : へえ, 韓国は 夜 8時 20分ですが。すみません。

　　B : おやすみなさい。

　　➡ ドイツは 今 何時ですか。

5。みなさま, 韓国へ ようこそ。

4. 1)   A : 中村さん, お誕生日は いつですか。

         B : 私の 誕生日は 4月28日です。

    2)   A : テストは いつですか。

         B : 今日が 5月 4日ですから 8日ですね。

    3)   A : 田中さん, 旅行は いつからですか。

         B : 旅行は 7月 20日からです。

    4)   A : 今日は 3月 28日ですか。

         B : いいえ, 28日じゃありません。29日ですよ。

5. 1) 今日は 何月何日ですか。

    2) 旅行は 土曜日からですか。

    3) テストは いつから いつまでですか。

    4) あなたの お誕生日は 何日でしたか。

    5) 明日は やすみですか。

6. 1)   A : 明日は クリスマスですね。私は 彼女と デートです。

         B : クリスマスに デートですか。いいですね。

         A : 田中さんは?

         B : 私? 私は 会社です。日本は クリスマスは 休みじゃありません。

         A : え? 本当ですか。

       ・きむらさんの デートは いつですか。

・にほんの　クリスマスは　休_{やす}みですか。

2)　　A：木村_{きむら}さんの　お誕生日_{たんじょうび}は　いつですか。

　　　　B：7月　14日です。

　　　　A：1月　14日ですか。

　　　　B：いいえ，1月_{がつ}じゃありません。7月_{がつ}です。

　　　　A：あ，そうですか。

　　　・木村_{きむら}さんの　おたんじょうびは　いつですか。

6。どこに　ありますか。

4.　　A：すみません。デパートは　どこに　ありますか。

　　　B：あそこに　病院_{びょういん}が　ありますね。

　　　A：どれですか。

　　　B：あれです。病院_{びょういん}の　前_{まえ}に　救急車_{きゅうきゅうしゃ}も　ありますが。

　　　A：あ，あれが　病院_{びょういん}ですか。

　　　B：はい，あの　病院_{びょういん}の　隣_{となり}に　ホテルが　ありますが，その　ホテルの　後_{うしろ}です。

　　　A：あ，ホテルの　後_{うしろ}ですね。わかりました。どうも。

　　・デパートは　どこですか。

5.　　1) 山_{やま}が　あります。

　　　2) 山_{やま}の前_{まえ}にはホテルが　あります。

　　　3) そのホテルの隣_{となり}にデパートがあります。

4) ホテルの前に バスが あります。

5) バスの 横に ドアマンが います。

6) 右の空には 飛行機が あります。

7) 太陽は 左の空に あります。

8) バスの 中には 観光客が たくさん います。

9) バスの 前には 木が 一本 あります。

6. 테이프를 듣고 질문에 답하시오.

① かばんは つくえの 上に あります。

② ほんは いすの 上に あります。

③ パスポートは ひきだしの 中に あります。

④ ねこは テレビの 前に いません。

⑤ 私は 木の 後に います。

⑥ つくえの うえには 何も ありません。

 7。安くて おいしいです。

6. 테이프를 듣고 다음 질문에 답하시오.

1) 木村씨는 어떤 것을 마실까요?

金 ： 木村さん, 今日は ほんとうに 暑いですね。お飲み物は どうですか。

木村　　：　ええ, お願いします。何が ありますか。

金　　　：　コーヒーと 紅茶, それから コーラが あります。

木村　　：　じゃ, 冷たいのを お願いします。

2) 손님이 레스토랑에서 주문을 하였다. 무엇을 시켰나요?

田中　　　　：　私は コーヒー。金さんは?

金　　　　　：　木村さんと 私は ジュースください。

ウエートレス ：　はい, わかりました。

3) 田中씨가 다녀온 곳은 어디인가요?

A ：　田中さん, どうでしたか。

B ：　おいしかったです。ねだんも 安かったです。

A ：　それは よかったですね。

　　8。カジノが 好きですか。　　

4. 다음 대화를 듣고 들려주는 질문에 맞으면 O, 틀리면 ×표 하시오.

B ：　金さんの ふるさとは ソウルですか。

A ：　ええ, そうです。木村さんは 東京ですね。

B ：　私? いいえ, 札幌です。

A ：　そうですか。あの 雪祭りで 有名な。

B : ええ, でも とても 寒いですよ。

A : ソウルから 札幌までは 飛行機で どのくらいですか。

B : 飛行機なら 2時間半 ぐらいですね。

1) 木村さんの ふるさとは 札幌です。

2) 東京は 雪祭リで 有名な 所です。

3) 東京から 札幌までは 飛行機で 2時間 半ぐらいです。

5. 대화를 듣고 다음 질문에 답하시오.

田中 : 私は 東京は 好きですが, 北海道は あまり 好きじゃ ありません。

木村 : どうしてですか。

田中 : 北海道は 寒いからです。でも, 木村さんは 好きでしょう?

木村 : もちろんです。私の ふるさとですから。

6. 테이프를 듣고 그림 중에서 해당하는 사람을 골라 ( )안에 그 번호를 적으시오.

1) 佐藤さんは かみが 長くて 動物が 好きです。

2) 鈴木さんは 動物が 好きで あまり かみは 長くありません。

3) 木村さんは 背が 高くて スポーツが 好きです。

4) 伊藤さんは スポーツが 好きで あまり 背は 高くありません。

9。どこで 食べますか。

5. 다음 테이프의 대화를 듣고 답을 적으시오.

A : 今日も ラーメンですね。

B : いいえ, 私は ラーメンは 食べません。

　　昨日も ラーメン, おとといも ラーメン。。。もう うんざり。。

　　すき焼きは どうですか。

A : でも, お金が 3千円しか ありませんよ。

　　明日は すき焼きに しますから。今日は。。。

B : しかた ありませんね。

　　• 今日は 何を 食べますか。

6. 다음 회화를 듣고 ①②③④의 문장 중 내용과 다른 것을 고르시오.

A : 木村さん, おはようございます。いつも 早く 会社に きますね。

B : 田中さんも 早いですね。

A : 木村さんは 何時に 家を 出ますか。

B : そうですね。8時ごろ 出ます。

A : うらやましいですね。私は 7時ごろ 出ますよ。

7. 다음 회화를 듣고 질문에 답하시오.

A : 金さん, 明日 私の 部屋で パーティーを しますが, 来ますか。

B : 明日ですか。

A : ええ, 何か 用事が ありますか。

B : 明日 いそがしいんですよ。

A : あ, ざんねんですね。じゃ, 李さんも いそがしいですか。

B : 李さんは 行きます。いそがしくないですから。

➡ 金さんはどうしますか。

① 金さんは パーティーに 行きます。

② 李さんと パーティーに 行きます。

③ 金さんは パーティーに 行きません。

④ 金さんと 李さんは パーティーに 行きません。

 10。予約しましたか。

4. 호텔에 전화로 예약하는 장면이다. 테이프를 듣고 예약 정보를 빈칸에 써 넣으시오.

フロント   : もしもし, 韓国ホテルです。

鈴木   : あのう, 予約 お願いします。

フロント   : いつからですか。

鈴木   : 明日から 3泊です。

フロント   : 今日が 5月 1日ですから 2日から 3泊ですね。

どんな 部屋が よろしいですか。

鈴木　　　：シングルルームを 二つ, あ, すみません。ツインルームで 一つ お

願いします。

フロント　：はい, ツインルーム 一つですね。

お客様の お名前を どうぞ。

鈴木　　　：鈴木一朗です。

フロント　：はい, 鈴木様。明日 お待ちしております。

ご予約 ありがとうございました。

5. 김영진씨가 이야기하는 하루 일과를 듣고 다음 질문에 답하시오.

今日は 本当に いそがしかったです。

9時から 12時までは 会社に いました。

12時から 5時までは 博物館を 案内しました。

もちろん 昼ごはんも 食べませんでした。

帰りに 友だちに 会いました。

一緒に お酒を 飲みました。

6. 서울 지도를 보며 田中씨와 木村씨가 대화를 하고 있다.

A：今日は どこへ 行きますか。

B：昨日は 인사동에 行きましたから, そうですね。

A : 木村さん, 韓国の 映画を 見ましたか。

B : いいえ, 映画は 一度も 見ませんでした。

A : けっこう おもしろいですよ。

B : そうですか。じゃ, 今日は ここですね。

 **11。電話を しなければなりません。**

5. 다음 대화를 듣고 질문에 답하시오.

A : 金さん, この コンピューター いいですか。

B : その 新しい コンピューターは 会社のです。使わないでください。

A : その コンピューターは どうですか。

B : どれですか。

A : その 古い コンピューターです。

B : これは わたしの コンピューターですから いいですよ。

田中さんは 何を 使いましたか。

① 新しい 会社の コンピューター　　② 新しい 金さんの コンピューター

③ 古い 会社の コンピューター　　④ 古い 金さんの コンピューター

6. 다음 대화를 듣고 질문에 답하시오.

A : 田中さん 今 何時ですか。

B : 6時 50分ですが。

A : あっ, たいへん。

B : どうしてですか。

A : お客さまと 重要な 約束が あります。

B : 何時の 約束ですか。

A : 7時です。

B : 早く ホテルへ 帰らなければなりませんね。

A : ホテルまで どの くらい かかりますか。

B : タクシーで 30分ぐらいです。

A : どうしよう。

1) 金さんは どうして 早く 帰らなければなりませんか。

2) 金さんは 何時に ホテルに 着きますか。

 12。見せてください。

5. 테이프의 질문에 맞는 답을 고르시오.

1) お客様が 入りました。何と 言いますか。

① いらっしゃいませ。   ② すみません。   ③ お先にどうぞ。

2) ウェートレスを 呼んでください。

① もしもし。　　　　　　　② すみません。

③ おはようございます。

3) お客さまに ネクタイを 勧めてください。

① 私に よく 似合いますか。　② いい ネクタイですね。

③ これは いかがですか。

6. 얼마를 지불할까요?

A : すみません。この 青い シャツは いくらですか。

B : 4万 5千ウォンです。

A : 高すぎますね。

B : じゃ, この 赤い シャツは どうですか。

3万ウォンです。

A : うんん, それは ちょっと。。。

まあ, 仕方が ないですね。青い シャツに します。

それから その ネクタイも ください。

B : これは 1万2千ウォンです。

A : そうすると, 全部で いくらですか。

단어

あ

あう (会う)　만나다

あおい (青い)　파랗다

あかい (赤い)　빨갛다

あげる　주다

あさ (朝)　아침

あさごはん (朝ごはん)　아침식사

あさって (明後日)　모레

あした (明日)　내일

あそこ　저기

あたま (頭)　머리

あたらしい (新しい)　새롭다

あつい (暑い)　덥다

あつい (熱い)　뜨겁다

あなた　당신

あの〜　저〜

あまい (甘い)　달다

あまり　그다지, 별로

あらう (洗う)　씻다

ありがとうございます　감사합니다

あります　(무생물 등이) 있습니다

ありません　(무생물 등이) 없습니다

ある　(무생물 등이) 없다

あるいて (歩いて)　걸어서

あれ　저 것

アンチークショップ　골동품 점

あんない (案内)　안내

い

いい (良い)　좋다

いいえ　아니오

いいですね　좋지요, 좋군요

いう (言う)　말하다

いえ (家)　집

いかがですか　어떠십니까?

いく (行く)　가다

いくら　얼마

いす 의자

いそいでください 서두르세요.

いただきます 잘 먹겠습니다.

いち 1 (숫자)

いちど (一度) 한 번

いちにち (一日) 하루

いちばん (一番) 가장, 제일

いつ 언제

いっしょに (一緒に) 함께, 같이

いっぽん (一本) 한 그루, 한 자루, 한 병

いつも 언제나

いぬ (犬) 개

いま (今) 지금

います (생물 등이) 있습니다.

いません (생물 등이) 없습니다.

いらっしゃいませ 어서 오십시오.

いりぐち (入口) 입구

いる (생물 등이)있다.

うつ (打つ) 치다, 때리다.

うどん 우동

うらやましい 부럽다.

うる (売る) 팔다.

うるさい 시끄럽다.

うんざりだ 질리다.

え

えいが (映画) 영화

えいがかん (映画館) 극장

えいご (英語) 영어

えき (駅) 역

エレベーター 엘리베이터

えん (円) 엔(일본 화폐단위)

えんりょする (遠慮する) 사양하다.

う

うえ (上) 위, 위쪽

ウォン 원(한국 화폐단위)

うしろ (後) 뒤, 뒤쪽

うた (歌) 노래

うたう (歌う) 노래 부르다.

お

おいくつ 몇 살

おいしい 맛있다.

おおい (多い) 많다.

おおきい (大きい) 커다랗다.

おおきさ (大きさ) 크기

おかね (お金) 돈

おかんじょう (お勘定) 계산

おきゃくさま (お客様) 손님

おきる (起きる) 일어나다.

おくる (送る) 보내다, 부치다.

おこす (起こす) 깨우다.

おごる 대접하다.

おさきに どうぞ (お先にどうぞ) 먼저
　　들어가십시오.

おさけ (お酒) 술

おすまい (お住まい) 사시는 곳

おそい (遅い) 늦다

おたんじょうび (お誕生日) (남의) 생일

おちゃ (お茶) 차(녹차)

おてあらい (お手洗い) 화장실

おてら (お寺) 절, 사찰

おととい (一昨日) 엊그제

おととし (一昨年) 재작년

おなまえ (お名前) 성함

おねがいします 부탁합니다.

おのみもの (お飲物) 음료, 마실 것

おはなし (お話) 말씀

おはようございます 안녕하세요(아침
　　에 사용하는 인사말).

おふろに はいる (お風呂に 入る) 목욕
　　하다.

おまちしております 기다리고 있겠습
　　니다.

おみやげ (お土産) 선물

おもう (思う) 생각하다.

おもしろい 재미있다.

おやすみなさい 안녕히 주무세요.

おわる (終わる) 끝나다.

か

が ～이, ～가

カード 카드

かいぎ (会議) 회의

かいしゃ (会社) 회사

かいしゃいん (会社員) 회사원

かいだん (階段) 계단

ガイド 가이드

かう (買う) 사다

かえる (帰る) 돌아가다, 돌아오다.

かえりに (帰りに) 돌아오는 길에

かお (顔) 얼굴

かかる 걸리다, 들다.

かぎ (鍵) 열쇠

かく (書く) 적다.

がくせい (学生) 학생

かける 잠그다.

かしこまりました 알겠습니다.

カジノ 카지노

かす (貸す)　빌려주다.

かぜ (風邪)　감기

がっこう (学校)　학교

かのじょ (彼女)　그녀, 여자친구

かばん　가방

かみ (髪)　머리카락

かようび (火曜日)　화요일

から　부터

からい (辛い)　맵다.

カルビ　갈비

かんこうきゃく (観光客)　관광객

かんこうち (観光地)　관광지

かんこうめいしょ (観光名所)　관광명소

かんこく (韓国)　한국

かんたんだ (簡単だ)　간단하다.

きょう (今日)　오늘

きょうと (京都)　쿄토(일본 지명)

きょねん (去年)　작년

きらいだ　싫어하다.

きる (切る)　자르다.

きる (着る)　입다

きれいだ　깨끗하다, 아름답다.

きんえん (禁煙)　금연

ぎんこう (銀行)　은행

きんようび (金曜日)　금요일

き

き (木)　나무

きこえる (聞こえる)　들리다.

きたない　지저분하다.

きのう (昨日)　어제

キムチ　김치

きゅう　9 (숫자)

きゅうきゅうしゃ (救急車)　구급차

ぎゅうどん (牛丼)　소고기 덮밥

く

く　9 (숫자)

くうこう (空港)　공항

クーラー　에어컨

くすりを のむ (薬を 飲む)　약을 먹다.

ください　주세요.

くらい　정도, 가량

クリスマス　크리스마스

くる (来る)　오다.

くるま (車)　자동차

け

けいたいでんわ (携帯電話) 핸드폰
けす (消す) 끄다.
けっきょく (結局) 결국
けっこう 상당히, 꽤
けっこうです 괜찮습니다. 됐습니다.
げつようび (月曜日) 월요일
けんがくする (見学する) 견학하다.
げんきだ (元気だ) 건강하다.

こ

ご 5 (숫자)
こいびと (恋人) 애인
こうくう (航空) 항공
こうちゃ (紅茶) 홍차
こうつう (交通) 교통
コート 코트
こうらいにんじん (高麗人参) 고려인삼
コーヒー 커피
コーヒーショップ 커피숍
コーラ 콜라
こくさいでんわ (国際電話) 국제전화
ここ 여기
ごご (午後) 오후

ごじたく (ご自宅) 자택
ごじゅうしょ (ご住所) 주소
ごぜん (午前) 오전
ごちそうさまでした 잘 먹었습니다.
ごちゅうもん (注文) 주문
こちら 이쪽
こちらこそ 저야말로, 이쪽이야말로
こちらへ どうぞ 이쪽으로 오세요.
ことし (今年) 금년
こども (子供) 어린이
この〜 이〜
こまる (困る) 곤란하다.
ごよう (ご用) 용건, 용무
カラオケ 노래방, 가라오케
これ 이것
これから 이제부터
ごれんらく (ご連絡) 연락
ごろ (頃) 쯤, 경
こんげつ (今月) 이번 달, 이 달
コンサート 콘서트
こんしゅう (今週) 이번 주, 금주
こんにちは (今日は) 안녕하세요(낮에 사용하는 인사말).
こんばん (今晩) 오늘 밤
こんばんは (今晩は) 안녕하세요(밤에 사용하는 인사말).
コンピューター 컴퓨터

さ

さいふ (財布)　지갑
サイン　사인, 서명
サウナ　사우나
さしみ　생선회
サッカー　축구
ざっし (雑誌)　잡지
さっぽろ (札幌)　삿포로(일본 지명)
さむい (寒い)　춥다.
さらいげつ (再来月)　다다음달
さらいしゅう (再来週)　다다음주
さらいねん (再来年)　다음다음해
さん　3 (숫자)
さん　~씨
ざんねんだ (残念だ)　유감이다.

し

し　4 (숫자)
しお　소금
しか　~밖에
しかたが ない (仕方が ない)　도리가 없다.
じかん (時間)　시간
しずかだ (静かだ)　조용하다.
した (下)　아래

しち　7 (숫자)
じつは (実は)　실은
しぬ (死ぬ)　죽다
しばふ (芝生)　잔디밭
しめる (閉める)　닫다.
じゃ　그럼, 그러면
じゃありません　~의 것이 아닙니다.
しゃしん (写真)　사진
シャツ　셔츠
ジュース　주스
じゅうようだ (重要だ)　중요하다.
じゅぎょう (授業)　수업
しゅみ (趣味)　취미
じょうずだ (上手だ)　잘한다, 능숙하다.
しょくじ (食事)　식사
しょっぱい　짜다.
しる (知る)　알다.
しろい (白い)　희다, 하얗다.
シングル ルーム　싱글룸(Single room)
しんせつだ (親切だ)　친절하다.
しんせんだ (新鮮だ)　신선하다.
しんぶん (新聞)　신문

す

スイート ルーム　스위트 룸(Suite Room)

スイッチ　스위치

すいようび (水曜日)　수요일

すう (吸う)　(담배를) 피우다, 흡입하다.

すきだ (好きだ)　좋아하다.

すきやき　전골

すくない (少ない)　적다.

スケジュール　일정

すこし (少し)　조금

すし (寿司)　초밥

すすめる (勧める)　권하다.

ステーキ　스테이크

すばらしい　멋지다.

スポーツ　스포츠

すみません　미안합니다. 저기요(사람을
　부를 때)

する　하다.

せ

ぜいかん (税関)　세관

ぜいかん カード　세관 카드(여행자 휴
　대품 신고서)

ぜいこみ (税込み)　세금 포함

せが たかい (背が 高い)　키가 크다.

せが ひくい (背が 低い)　키가 작다.

セーター　스웨터

せまい (狭い)　좁다.

ゼロ　0 (숫자)

せんげつ (先月)　지난달

せんしゅう (先週)　지난주

せんせい (先生)　선생님

せんせんげつ (先々月)　지지난달

せんせんしゅう (先々週)　지지난주

せんとう (銭湯)　(공중)목욕탕

ぜんぶで (全部で)　전부해서, 모두해서

そ

ソウル　서울

そこ　거기

その〜　그〜

そば　메밀국수

そら (空)　하늘

それ　그 것

それから　그리고, 그리고 나서

それじゃ　그러면

それに　게다가, 더욱이

た

だいがく (大学)　대학(교)

たいけん (体験) 체험

だいじょうぶだ (大丈夫だ) 괜찮다.

たいせつだ (大切だ) 중요하다.

たいへん 큰일이다.

たいよう (太陽) 태양

たかい (高い) 비싸다.

たかすぎる (高すぎる) 너무 비싸다.

たくさん 많이

タクシー 택시

たてもの (建物) 건물

たのしい (楽しい) 즐겁다.

たばこ 담배

ダブル ルーム 더블 룸(Double room)

たべもの (食べ物) 음식

たべる (食べる) 먹다.

だれ 누구

だれか 누군가

だれも 아무도

たんじょうび (誕生日) 생일

ち

ちいさい 작다.

ちかい (近い) 가깝다.

ちかく (近く) 근처

ちかてつ (地下鉄) 지하철

チケット 티켓, 표

ちず (地図) 지도

チップ 팁(Tip)

ちょっと まって ください 잠시만 기다
    려 주세요.

つ

ツインルーム 트윈 룸(twin room)

つかう (使う) 사용하다.

つくえ 책상

つめたい (冷たい) 차갑다.

て

で ～이고

で (조사) ～에서, ～으로

デート 데이트

テーブル 테이블

できる 할 수 있다.

でした ～였습니다.

です ～입니다.

ですか ～입니까?

ですから ～이니까요.

テスト 시험

ですね　～이시죠?

てつだう (手伝う)　돕다.

てつづき (手続き)　수속

テニス　테니스

では　그럼, 그러면

でも　그렇지만, 하지만, (명사 다음에 붙어) ～이라도, ～이나

デパート　백화점

でる (出る)　나오다, 출발하다.

テレビ　텔레비전

てんき (天気)　날씨

でんき (電気)　전기

でんしゃ (電車)　전철

てんじょういん (添乗員)　국외여행인솔자(tour conductor)

でんとう (伝統)　전통

でんわ (電話)　전화

でんわばんごう (電話番号)　전화번호

と

と　～와, ～과, ～라고

ドア　문

ドアマン　도어맨

ドイツ　독일

どういたしまして　천만에요.

とうきょう (東京)　동경, 일본의 수도

とうきょうタワー (東京タワー)　도쿄타워(일본 관광지 명)

どうして　왜, 어째서

とうじょう (搭乗)　탑승

どうぞよろしくおねがいします　모쪼록 잘 부탁드리겠습니다.

どうですか　어떠세요?

どうぶつ (動物)　동물

どくしょ (読書)　독서

とけい (時計)　시계

どこ　어디

ところ (所)　곳, 장소

ところで　그런데

として　～로서

とても　매우, 대단히

となり (隣)　옆, 이웃

どの～　어느～

とまる (泊る)　묵다, 숙박하다.

と もうします (と申します)　～라고 합니다.

ともだち (友だち)　친구

どようび (土曜日)　토요일

トリプル ルーム　트리플 룸(Triple room)

とる (撮る)　찍다.

ドル　달러(미국 화폐단위)

どれ　어느 것

どんな　어떤

な

なか (中)　가운데, 안, 속
ながい (長い)　길다.
なな　7 (숫자)
なにか (何か)　뭔가, 무엇인가
なにも (何も)　아무것도
なら　~라면
なん (何)　무엇
なんがつ (何月)　몇 월
なんじ (何時)　몇 시
なんにち (何日)　몇 일
なんにん (何人)　몇 사람
なんの ひ (何の 日)　무슨 날
なんぱく (何泊)　몇 박
なんばん (何番)　몇 번
なんようび (何曜日)　무슨 요일

に

に　2 (숫자)
に　~에
にあう (似合う)　어울리다.

にぎやかだ　번화하다.
にちようび (日曜日)　일요일
にほん (日本)　일본
にほんご (日本語)　일본어
にほんしゅ (日本酒)　정종
にほんじん (日本人)　일본인
にもつ (荷物)　짐, 수하물

ぬ

ぬぐ (脱ぐ)　벗다.

ね

ねこ　고양이
ねだん (値段)　가격
ねる (寝る)　자다.
ねんせい (年生)　학년

の

の　~의, ~의 것
のむ (飲む)　마시다.
のりば (乗り場)　승차장

のる (乗る) 타다.

は

は ～은, ～는

パーティー 파티

はい 예

はいる (入る) 들어가다.

はくぶつかん (博物館) 박물관

はじまる (始まる) 시작되다.

はじめに 먼저, 처음에

はじめまして 처음 뵙겠습니다.

はしる (走る) 달리다.

パスポート 여권

はたち (二十歳) 20살

はち 8 (숫자)

はやい (速い) 빠르다.

はやい (早い) 이르다.

はやく (早く) 일찍

はらう (払う) 지불하다.

はん (半) 반, 절반, 30분

ばん (番) ～번

ハンサムだ 잘생겼다.

ひ

ひ (日) 날

ビル 빌딩

ビール 맥주

ひきだし (引き出し) 서랍

ひこうき (飛行機) 비행기

ひだり (左) 왼쪽

ひと (人) 사람

ひとびと (人々) 사람들

ビビンパ 비빔밥

ひまだ 한가하다.

びよういん (美容院) 미용실, 미장원

ひるごはん (昼ごはん) 저녁식사

ひろい (広い) 넓다.

ひんしつ (品質) 품질

ふ

ふたつ (二つ) 둘, 두 개

ぶっか (物価) 물가

ふべんだ (不便だ) 불편하다.

ふるい (古い) 낡다, 오래되다.

プルゴギ 불고기

ふるさと 고향

フロント 프런트

ふんいき (雰囲気) 분위기

へ

へ ~에, ~로
へただ (下手だ) 서투르다, 못하다.
ベッド 침대
へや (部屋) 방, 객실
ベルデスク 벨 데스크(Bell Desk)
ベルマン 벨맨
べんきょう (勉強) 공부
べんりだ (便利だ) 편리하다.

ほ

ほっかいどう (北海道) 홋카이도(일본 지명)
ホテル 호텔
ホテルマン 호텔직원
ほん (本) 책
ほんとうだ (本当だ) 정말이다.
ほんとうに (本当に) 정말로

ま

まいげつ (毎月) 매달
まいしゅう (毎週) 매주
まいとし (毎年) 매년
まいにち (毎日) 매일
まえ (前) 앞
まじめだ 성실하다.
まだ 아직
まつ (待つ) 기다리다.
まで ~까지
まる 0 (숫자)

み

みぎ (右) 오른쪽
みず (水) 물
みせ (店) 가게
みなさま (皆様) 여러분
ミニバー(mini bar) 미니 바
みる (見る) 보다.
みんぞくむら (民俗村) 민속촌

む

むかし (昔)　옛날
むずかしい (難しい)　어렵다.

め

メニュー　메뉴
めんぜいてん (免税店)　면세점

も

も　～도
もう　벌써, 이미
もういちど (もう一度)　다시 한 번, 한 번
　더
もくようび (木曜日)　목요일
もしもし　여보세요.
もちろん　물론
もつ(持つ)　들다, 갖다.
もの　것, 물건
もらう　받다.

や

やくそく (約束)　약속
やさしい　쉽다, 상냥하다.
やすい (安い)　싸다, 저렴하다.
やすみ (休み)　휴일, 휴가
やま (山)　산

ゆ

ゆうごはん (夕ごはん)　저녁식사
ゆうめいだ (有名だ)　유명하다.
ユーロ　유로(EU 화폐단위)
ゆき (雪)　눈
ゆきまつり (雪祭り)　눈축제

よ

ようこそ　잘
ようじ (用事)　용무, 볼일
ようふくだんす (洋服だんす)　양복장
よく　잘, 자주
よくしつ (浴室)　욕실
よこ (横)　옆, 곁
よてい (予定)　예정

よぶ (呼ぶ)　부르다.

よむ (読む)　읽다.

よやくする (予約する)　예약하다.

より　～보다

よる (夜)　저녁

よろしい　좋으시다.

よろしく　잘(부탁드립니다)

よん　4 (숫자)

ら

ラーメン　라면

らいげつ (来月)　다음달

らいしゅう (来週)　다음주

らいねん (来年)　내년

り

りょうり (料理)　요리

りょこう (旅行)　여행

りょこうしゃ (旅行社)　여행사

りんご　사과

る

ルームサービス　룸 서비스

ルーレット(roulette)　카지노게임의 일종

れ

れいぞうこ (冷蔵庫)　냉장고

れいめん (冷麺)　냉면

レストラン　레스토랑

ろ

ろく　6 (숫자)

ロビー(lobby)　로비

わ

わかい (若い)　젊다

わかりました　알겠습니다.

わかれる (別れる)　헤어지다.

わしょく (和食)　일식, 일본 음식

わすれる (忘れる)　잊다.

わたし (私)　나, 저

문법 현장강의

1. 각 품사의 기본적인 특징

い형용사	○○い
な형용사	○○だ
동사	○○ㅜ

일본어 문법에서 아주 기본적으로 알아두어야 하는 것에는 동사, い형용사, な형용사라는 것이 있습니다. 이들 각각을 기본형을 통해 구분할 수 있어야 하는데, 그 구분법을 설명하면 다음과 같습니다.

일본어에서 모든 활용하는 말들은 기본형이라는 것이 있습니다. 가령, 「아름다웠습니다」라는 말을 국어사전에서 찾으려고 할 때 여러분들은 「아름답다」라는 기본형으로 찾으실 것입니다.

마찬가지로 일본어도 기본형을 통해 사전을 찾습니다. 그런데 이 기본형을 잘 살펴보면 공통적인 특징을 알 수 있습니다. 한 번 여러분들이 맞춰 보세요.

い형용사를 적어 보겠습니다.

あつい　　　　(덥다)

おいしい　　　(맛있다)

からい　　　　(맵다)

つめたい　　　(차갑다)

うるさい　　　(시끄럽다)

위에 적은 것들은 살펴보면, 마지막 글자가 「い」라는 공통점을 찾아 볼 수 있을 것입니다. 즉, い형용사는 기본형의 마지막 글자가 「い」라는 특징이 있습니다. 만약 「い」가 아닌 다른 글자라면 그것은 い형용사가 아니라는 것입니다.

이번에는 な형용사의 공통점을 찾아보세요.

きれいだ   (예쁘다)

ゆうめいだ   (유명하다)

しんせつだ   (친절하다)

だいじょうぶだ   (괜찮다)

しずかだ   (조용하다)

な형용사의 기본형을 잘 살펴보니 마지막 글자가 「だ」라는 공통점이 있습니다. 따라서 「だ」로 끝나면 な형용사로구나 생각하시면 됩니다.

마지막으로 동사입니다. 공통점을 찾아보세요.

あう   (만나다)

のむ   (마시다)

たべる   (먹다)

ぬぐ   (벗다)

しぬ   (죽다)

당황하셨나요?

공통점이 보이지 않는 듯 하죠?

기본형의 마지막 글자들을 잘 봅시다.

あう のむ たべる ぬぐ しぬ

마지막 글자를 한번 읽어 보세요.

우 무 루 구 누

이렇게 읽어 보니 공통점이 보이시나요?

모두 「ㅜ」라는 모음을 갖고 있습니다.

즉, 기본형의 마지막 글자의 모음이 「ㅜ」라면 이것은 동사라는 것이죠.

이렇게 い형용사, な형용사, 동사는 기본형의 마지막 글자를 통해 판별할 수 있습니다.

여기서 한 가지 더 중요한 것이 있습니다.

이 마지막 글자가 활용을 하는 부분이라는 것입니다.

즉, 이 마지막 글자만이 다른 글자로 변하여 여러 가지 표현을 하게 하는 것이고, 마지막 글자를 제외한 나머지 글자들은 결코 변하지 않는다는 것입니다.

2. い형용사와 な형용사의 공손한 형태

```
い형용사 ○○いです
な형용사 ○○だです
```

원래 기초 회화라는 것은 아주 쉽다고도 할 수 있습니다.

다시 말해 단어만 알고 있으면, 활용을 하지 않고도 말을 할 수 있다는 것인데, 예를 들어, 친구 둘이서 얘기를 합니다.

친구1 : これ、おいしい? (이것, 맛있니?)
친구2 : うん、おいしい。(응, 맛있어)

위의 회화에서 おいしい(맛있다)라는 い형용사를 친구 1은 억양을 올려서 얘기한 것이고, 친구 2는 억양을 내려서 얘기한 것입니다.

이렇게 억양만 올렸다 내렸다해도 충분히 회화를 할 수 있지만, 아주 짧은 대화를 격식 없이 얘기할 때만 사용될 뿐이겠죠?

　모르는 사람, 윗사람께는 공손하게 얘기를 해야 할텐데, 그때는 「맛있습니까?」, 「네, 맛있습니다」라는 식으로 해야 할 것입니다.

　그럼 공손한 표현은 어떻게 할까요?

　い형용사의 경우

기본형 다음에 뒤에 「です」를 넣어주면 됩니다.

　な형용사의 경우

기본형의 마지막 글자 「だ」를 빼고 대신 「です」를 넣어줍니다.

　おいしい (맛있다) → おいしいです (맛있습니다)

　しずかだ (조용하다) → しずかです (조용합니다)

문제를 낼 테니 여러분들이 해 보세요.

寒(さむ)い(춥다: 　　　　　) 　暑(あつ)い(덥다: 　　　　　　) 　いい(좋다: 　　　)

有名(ゆうめい)だ(유명하다: 　　　　) 　親切(しんせつ)だ(친절하다: 　　　　)

답) 寒(さむ)いです 　暑(あつ)いです 　いいです 　有名(ゆうめい)です 　親切(しんせつ)です

3. い형용사와 な형용사의 과거형태

> い형용사 ○○~~い~~かった(です)
>
> な형용사 ○○~~だ~~だった(です)

「어제 공부합니까?」「아까 밥 먹나요?」「작년에 일본에 가겠습니다.」라는 표현은
이상하시죠?

「어제 공부했습니까?」「아까 밥 먹었나요?」「작년에 일본에 갔습니다.」라는 식으
로 표현을 해야 겠죠? 이와 같은 표현이 바로 과거형태라는 것은 다 아실 것입니다.

그럼, 이러한 과거 표현은 일본어에서는 어떻게 해야 할까요?

먼저 친구나 자기보다 아랫사람에게 사용하는 반말표현을 알아보겠습니다.

い형용사의 경우
기본형의 마지막 글자 「い」를 빼고 대신 「かった」를 넣어주면 됩니다.
な형용사의 경우에는
기본형의 마지막 글자 「だ」를 빼고 대신 「だった」를 넣어줍니다.

예를 들어 「맛있다」라는 「おいしい」를 「맛있었다」로 바꿔보세요.
「おいしい」는 마지막 글자가 「い」로 끝났으니 い형용사이네요.
위에서 い형용사는 마지막 글자 「い」를 빼고 「かった」를 넣으라고 했으니까
「おいしかった」라고 해야 「맛있었다」라는 말이 되는 것입니다.
「조용하다」라는 말은 일본어에 「しずかだ」라는 단어가 있습니다.
어떻게 해야 「조용했다」라는 말이 될까요?
일단, 무슨 품사인지부터 알아봐야겠네요. 품사가 뭔가요?
설마 い형용사는 아니겠죠? 끝이 い가 아니므로…
맞습니다. 마지막 글자가 「だ」로 끝났으니 な형용사입니다.
따라서 마지막 글자 「だ」를 빼니 「しずか」만 남았네요. 그 다음에 뒤에다 「だった」

를 붙이라고 했으니까 결국, 「しずかだった」는 「조용했다」라는 말이 됩니다.

마지막으로 공손하게 말하는 표현을 보겠습니다.

이것은 어렵지 않습니다.

여러분들 일본어 기초에서 「~입니다」라는 표현이 「です」라고 배우셨죠?

위의 반말 표현 다음에 「です」만 넣어 주시면 됩니다.

　즉, い형용사의 경우

기본형의 마지막 글자 「い」를 빼고 대신 「かったです」

　な형용사의 경우에는

기본형의 마지막 글자 「だ」를 빼고 대신 「だったです」라는 말입니다.

참고적으로 「だったです」 대신에 회화체에서는 「でした」를 많이 쓰는 추세입니다.

　따라서 「맛있었습니다」는 「おいしかったです」라고 하고,

　　「조용했습니다」는 「しずかだったです」, 또는 「しずかでした」라고 하면 되는

　　것이지요.

　주의) 한 가지만 조심합시다.

　　い형용사 중에서 「좋다」라는 의미인 「いい」는 각별히 조심하셔야 합니다.

　　위에서 설명한 대로라면 「좋았다」「좋았습니다」는 각각 「いかった」「いかった

　　です」가 되어야 하지만, 이렇게 표현하지 않고, 「よかった」「よかったです」라

　　고 합니다.

　문제를 내 보겠습니다.

친절했다(親切だ : 　　　　　　　)　　　비쌌습니다(高い : 　　　　　　)

번화했습니다(にぎやかだ : 　　　　　)　　많았다(多い : 　　　　　　　　)

　답) 親切だった　　高かったです　　にぎやかでした(にぎやかだったです)　　多かった

✓ 4. い형용사와 な형용사의 부정

> い형용사 ○○<s>い</s> くない(です)
>
> な형용사 ○○<s>だ</s> ではない(です)

먼저 친구나 자기보다 아랫사람에게 사용하는 반말표현은 다음과 같습니다.

い형용사의 경우
기본형의 마지막 글자 「い」를 빼고 대신 「くない」를 넣어주면 됩니다.

な형용사의 경우에는
기본형의 마지막 글자 「だ」를 빼고 대신 「ではない」를 넣어줍니다.

い형용사인 軽い(가볍다)의 경우 「가볍지 않다」는 軽くない가 되는 것이고,

な형용사인 上手だ(능숙하다)의 경우 「능숙하지 않다」는 上手ではない가 되는 것입니다.

이번에는 공손하게 「~지 않습니다」라고 해 볼까요?

그 전에 한 가지 살펴볼 것이 있습니다.

조금 전, 「~지 않다」라는 표현은 각각 「くない」, 「ではない」라고 했는데, 이것을 잘 보니 마지막 글자가 다시 「い」로 끝났다는 점입니다.   여기서 여러분들은 뭔가 생각나지 않으세요?

그렇죠?

이것도 い형용사의 특징을 지니고 있다는 것입니다.

い형용사를 공손하게 나타내게 하기 위해서는 마지막 글자 「い」 다음에 「です」를 붙인다고 했습니다.

따라서

い형용사의 경우

기본형의 마지막 글자 「い」를 빼고 대신 「くないです」를 넣어주면 됩니다.

な형용사의 경우에는

기본형의 마지막 글자 「だ」를 빼고 대신 「ではないです」를 넣어주면 됩니다.

Tip

1. 「では」는 「じゃ」로 바꿔 쓸 수 있다.

2. 「ないです」는 「ありません」으로 바꿔 쓸 수 있다.

예를 들어 「少ない(적다)」의 경우

「적지 않습니다」는 「少なくないです」, 또는 Tip2에서 설명했듯이 「少なくありません」

な형용사인 元気だ(건강하다)는 「건강하지 않습니다」를 Tip에서 설명한 것을 포함하면,

元気ではないです。

元気じゃないです。

元気ではありません。

元気じゃありません。

이렇게 4가지의 문장이 나올 수 있습니다.

주의) 한 가지만 조심합시다.

い형용사 중에서 「좋다」라는 의미인 「いい」는 「よくないです」라고 합니다.

문제를 풀어 볼까요?

넓지 않습니다(広<ruby>い<rt>ひろ</rt></ruby>：　　　　　　　　　　)

싸지 않습니다(安<ruby>い<rt>やす</rt></ruby>：　　　　　　　　　　)

편리하지 않습니다(便利<ruby>だ<rt>べんり</rt></ruby>：　　　　　　　)

깨끗하지 않습니다(きれいだ：　　　　　　　)

답) <ruby>広<rt>ひろ</rt></ruby>くないです(<ruby>広<rt>ひろ</rt></ruby>くありません)

　　<ruby>安<rt>やす</rt></ruby>くないです(<ruby>安<rt>やす</rt></ruby>くありません)

　　<ruby>便利<rt>べんり</rt></ruby>ではないです(<ruby>便利<rt>べんり</rt></ruby>ではありません、<ruby>便利<rt>べんり</rt></ruby>じゃないです、<ruby>便利<rt>べんり</rt></ruby>じゃありません)

　　きれいではないです(きれいではありません、きれいじゃないです、きれいじゃ

　　ありません)

5. い형용사와 な형용사의 부정 과거형태

い형용사 ○○い̸ くなかった(です)

な형용사 ○○だ̸ ではなかった(です)

「예쁘지 않았습니다」라는 문장을 잘 생각해 보면, 부정형태와 과거형태가 같이 있다는 것을 알 수 있을 것입니다.

이렇게 「(과거에) ~지 않았다」라는 표현은

① 일단 부정형태로 고친다.

暑い(덥다) → 暑くない(덥지 않다)

親切だ(친절하다) → 親切ではない(친절하지 않다)

② 다음으로 과거형태를 넣어주면 되는데, ①의 부정형태를 보면 모두 「い」로 끝났으므로, い형용사의 과거형태로 만들어 준다. 즉, 마지막 글자 い를 없애고 かった를 넣는다.

暑くない(덥지 않다) → 暑くなかった(덥지 않았다)

親切ではない(친절하지 않다) → 親切ではなかった(친절하지 않았다)

여기에 공손하게 표현하고 싶으면 뒤에 「です」를 붙여 준다.

暑くなかった(덥지 않았다) → 暑くなかったです(덥지 않았습니다)

親切ではない(친절하지 않다) → 親切ではなかったです(친절하지 않았습니다)

앞에서 제가 Tip으로 일본어 표현에서 호환이 가능한 표현을 두 가지 알려 드렸습니다. 거기에 덧붙여 한 가지를 더 추가하겠습니다.

Tip

1. 「では」는 「じゃ」로 바꿔 쓸 수 있다.

2. 「ないです」는 「ありません」으로 바꿔 쓸 수 있다.

3. 「なかったです」는 「ありませんでした」로 바꿔 쓸 수 있다.

따라서 「덥지 않았습니다」는 暑くなかったです ＝ 暑くありませんでした

「친절하지 않았습니다」는 親切ではなかったです ＝ 親切ではありませんでした

라고도 할 수 있다는 것입니다.

주의) 한 가지만 조심합시다.

い형용사 중에서 「좋다」라는 의미인 「いい」는 「よくなかったです(＝よくありませんでした)」라고 합니다.

문제입니다.

유명하지 않았습니다.(有名だ :　　　　　　　　　　)

편리하지 않았습니다.(便利だ :　　　　　　　　　　)

맵지 않았습니다.(辛い :　　　　　　　　　　)

쉽지 않았습니다.(易しい :　　　　　　　　　　)

답) 有名ではなかったです(有名ではありませんでした)

便利ではなかったです(便利ではありませんでした)

辛くなかったです(辛くありませんでした)

易しくなかったです(易しくありませんでした)

6. 동사의 종류와 구별방법

동사의 특징   ○○ㅜ

동사의 종류
3그룹 동사 する(하다), くる(오다)
2그룹 동사 ○○ㅣ, ㅔ + 「る」
1그룹 동사 2, 3그룹을 제외한 나머지 동사

동사에는 3가지 종류가 있다.

앞에서 い형용사는 기본형의 마지막 글자가 「い」, な형용사는 기본형의 마지막 글자가 「だ」, 동사는 기본형의 마지막 글자를 읽어서 「ㅜ」라는 모음을 지니고 있어야 한다고 했습니다.

그런데 문제는 동사는 다시 세 가지 종류가 있다는 것입니다.

예전에는 5가지(5단 동사, 상1단 동사, 하1단 동사, カ행 변격 활용 동사, サ행 변격 활용 동사)로 나누었지만, 요즘은 활용하는 형태에 따라 3가지로 구분하는 것이 보통입니다.

그 3가지란, 1그룹 동사, 2그룹 동사, 3그룹 동사입니다.

그 3가지 동사는 각각 활용하는 형태가 다르므로, 반드시 구분을 할 줄 알아야 할 것입니다.

구분 방법

먼저 3그룹 동사부터 살펴보겠습니다.

동사는 그 숫자가 상당히 많습니다. 그러나 3그룹 동사는 그 많은 동사 중에서 딱 2개밖에 없습니다.

운동하다, 공부하다, 쇼핑하다처럼 「~하다」라는 의미의 「する」와 학교에 오다, 한국에 오다, 도서관에 오다처럼 「오다」라는 의미의 「くる」가 그것입니다.

따라서 3그룹 동사는 이 2가지 밖에 없으므로 그냥 외워두는 것이 속 편하겠죠?

그렇다면, 3그룹 동사인 「する」와 「くる」를 제외한 나머지 동사들은 모두 2그룹 동사와 1그룹 동사 둘 중의 하나가 될 수밖에 없을 것입니다.

2그룹 동사는 특징이 있습니다.

마지막 글자가 「ㅜ」라는 모음(うくぐすつぬぶむる)으로 끝나는 것이 동사라고 했습니다만, 그 중에서도 2그룹 동사는 마지막 글자가 100% 「る」라는 글자로 끝납니다.

여기서 돌발퀴즈, 그럼 うくぐすつぬぶむ라는 글자로 끝나는 것은 무슨 동사일까요?

그렇죠. 1그룹 동사이겠죠? 3그룹 동사는 「する」와 「くる」뿐이고, 2그룹 동사는 마지막 글자가 「る」라고 했으니, 「ㅜ」라는 모음을 갖고 있는 글자 중에서 「る」 말고 「ㅜ」라는 모음을 갖는 다른 글자들은 전부 1그룹 동사가 되겠죠? 그렇지만, 1그룹 동사도 끝이 「る」로 끝나는 것들이 있습니다.

머리 아프시죠? 자, 그러면 정확한 구별법을 알려 드리겠습니다.

일단, 끝이 「る」 말고 「ㅜ」라는 모음을 갖는 다른 글자들(うくぐすつぬぶむ)이 오면 볼 것도 없이 1그룹 동사입니다.

끝이 「る」로 끝나면, 1그룹 동사가 아닐까 의심을 하시고 「る」 바로 앞에 있는 글자를 읽어보세요. 읽어서 「ㅣ」나 「ㅔ」라는 모음이 있으면 비로소 2그룹 동사입니다.

예를 들어, たべる(먹다)는 무슨 동사일까요?

끝이 「る」로 끝났습니다. 무조건 2그룹 동사라 생각하지 마시고, 혹시 1그룹 동사가 아닐까 의심을 하세요. 그래서 「る」 바로 앞에 있는 글자를 읽어보았습니다. 읽어보니 「べ」라는 글자이군요. 모음이 뭐죠? ㅂ + ㅔ 「ㅔ」라는 모음이 왔네요. 그러니까 비로소 2그룹 동사라고 판단이 되는 것입니다.

만약, のる(타다)의 경우에는 무슨 동사인가요?

끝이 「る」로 끝나면 일단 의심을 하고 「る」 바로 앞의 글자인 글자를 읽어보라고 했습니다. 여기서는 「る」의 바로 앞 글자가 「の」이므로 읽어보면, ㄴ + ㅗ 「ㅗ」라는 모음이 왔습니다. 「ㅣ」나 「ㅔ」라는 모음이 와야지 2그룹 동사라 했으므로, 이것은 1그룹 동사가 되는 것입니다.

이해되시나요?

지금까지의 설명을 종합하면, 모든 동사는 끝이 「ㅜ」라는 모음을 갖고 있다.

동사는 크게 3종류가 있는데, 3그룹 동사는 단 2개(する : 하다, くる : 오다)뿐이다.

2그룹 동사는 무조건 끝이 「る」로 끝나고, 「る」 바로 앞의 글자의 모음이 ㅣ, ㅔ여야만 한다. 그렇지 않으면 1그룹 동사로 보면 된다.

그러나 여기서도 예외가 있는데, 형태는 2그룹 동사이지만 1그룹 동사로 취급을 하는 것이 몇 가지 있습니다. 이것은 그냥 외워두실 수밖에 없습니다.

帰る(돌아가다, 돌아오다), 切る(자르다), 走る(달리다) 入る(들어가다), 知る(알다)

등이 바로 그것입니다. 이러한 예외 1그룹 동사는 그리 많지 않습니다. 예외 1그룹 동사라고 표시된 것은 무조건 외워두십시오.

그러면, 한번 동사를 구별해 보십시오.

① 待つ(기다리다)　② 歩く(걷다)　③ 教える(가르치다)　④ 借りる(빌리다)

⑤ 作る(만들다)　⑥ 来る(오다)　⑦ 歌う(노래하다)　⑧ 見せる(보여주다)

⑨ 思う(생각하다)　⑩ 分かる(알다)　⑪ 帰る(돌아오다)　⑫ 遊ぶ(놀다)

⑬ 話す(이야기하다)　⑭ 終る(끝나다)　⑮ 休む(쉬다)

답) 1그룹 동사 : ①②⑤⑦⑨⑩⑪(예외 1그룹 동사)⑫⑬⑭⑮

　　2그룹 동사 : ③④⑧

　　3그룹 동사 : ⑥

7. 동사를 공손하게 나타내는 방법(ます를 붙이는 방법)

동사는 「ます」와 천생연분이다.

동사에 ます 붙이는 방법
3그룹 동사   する(하다) → します(합니다)
           くる(오다) → きます(옵니다)
2그룹 동사   ○○る + ます
1그룹 동사   ○○ * ㅣ + ます

먼저 다음 문제들을 맞춰 보세요.

先生(선생님) → 선생님입니다 :

暑い(덥다) → 덥습니다 :

静かだ(조용하다) → 조용합니다 :

각각 先生です、暑いです、静かです라고 대답하실 수 있겠죠?

명사, い형용사, な형용사들을 공손하게 「～입니다, ～합니다」라고 표현하기 위해서는 「です」를 붙인다는 것을 아실 것입니다.

그러나, 동사의 경우에는 공손하게 나타낼 때 「です」가 아닌 「ます」를 붙입니다.

그럼, 지금부터 동사에 ます를 붙여 공손하게 나타내는 방법에 대해 말씀드리겠습니다.

동사는 3가지 종류가 있다고 말씀드렸습니다만, 각각의 동사마다 ます를 붙이는 방법이 다릅니다.

먼저 3그룹 동사는 「する(하다)」「くる(오다)」두 가지 밖에 없다고 말씀드렸고, 따라서 활용하는 형태도 그냥 외워 두시는 것이 속 편하다고 했습니다.

する(하다) → します(합니다)

くる(오다) → きます(옵니다)

다음으로 2그룹 동사는 기본형의 마지막 글자가 반드시 「る」로 끝난다고 말씀드렸습니다. 그 마지막 글자 「る」라는 글자를 빼고 「ます」를 붙이면 됩니다.

起きる(일어나다) → 起きます(일어납니다)

食べる(먹다) → 食べます(먹습니다)

마지막으로 1그룹 동사의 경우를 설명드리겠습니다.

기본형 마지막 글자의 모음 「ㅜ」를 「ㅣ」로 바꾸고 ます를 붙입니다.

가령, 「行く(가다)」의 경우, 1그룹 동사 맞죠?

마지막 글자를 읽어보니 「く」이네요. 「쿠」는 「ㅋ + ㅜ」, 여기서 「ㅜ」를 「ㅣ」로 바꾸면, 「ㅋ + ㅣ」, 「키」라는 발음의 글자는 「き」이므로 결국, 「갑니다」라고 공손하게 나타내려면, 「行きます」라고 해야 되는 것입니다.

그럼 문제를 내 보겠습니다.

맥주를 마십니다 (飲む 마시다) → ビールを _____

책을 삽니다 (買う 사다) → 本を _____

영화를 봅니다 (見る 보다) → 映画を _____

일본어를 가르칩니다 (教える 가르치다) → 日本語を _____

공부를 합니다 (する 하다) → 勉強を _____

답) 飲みます 買います 見ます 教えます します

8. ます를 활용하면 과거와 부정이 보인다.

> 과거형은 ました
>
> 부정형은 ません
>
> 과거의 부정은 ませんでした

앞에서 배운 ます를 붙인 상태에서 그 문장을 과거형태, 부정형태, 과거 부정형태를 만들 수 있습니다.

먼저 다음 표를 봐 주세요.

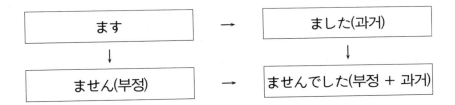

표에서 알 수 있듯이 ます로 끝나는 문장에서 ます를 ました로 바꾸면 그 문장은 과거형태로 바뀝니다. ます를 ません으로 바꾸면 부정을 나타내게 되며, ませんでした로 바꾸면 과거 부정형태가 됩니다.

예를 들어 보겠습니다.

行く(가다) → 行きます(갑니다)

→ 行きました(갔습니다)

→ 行きません(안 갑니다)

→ 行きませんでした(가지 않았습니다)

다음 문제를 풀어 보세요.

* 어제는 공부하지 않았습니다.(어제 : 昨日、공부하다 : 勉強する)

　　→

* 이제는 안 만납니다.(이제는 : これからは、만나다 : 会う)

　　→

* 12시까지 책을 읽었습니다.(12시까지 : 12時まで、읽다 : 読む)

답) 昨日は勉強しませんでした。

　　これからは会いません。

　　12時まで本を読みました。

9. 동사의 부정형태

```
3그룹 동사   する(하다) → しない(하지 않는다)
            くる(오다) → こない(오지 않는다)
2그룹 동사   ○○る̶ない
1그룹 동사   ○○＊ㅏ + ます
```

동사를 공손하게 나타내기 위해서는 뒤에 「ます」를 붙인다고 말했습니다만, 부정 (~지 않다)을 나타내기 위해서는 뒤에 「ない」라는 말을 넣어줍니다. 이 또한 동사의 종류에 따라 ない를 붙이는 방법이 다릅니다.

먼저 3그룹 동사는 する, くる 두 개의 동사밖에 없다고 말씀드렸고, 따라서 활용형 태를 그대로 외워달라고 했습니다.

する(하다) → しない(하지 않는다)
くる(오다) → こない(오지 않는다)

다음으로 2그룹 동사는 기본형의 마지막 글자가 무조건 「る」로 끝난다고 말했는데, 그 마지막 글자 「る」를 없앤 다음 「ない」를 붙입니다.

예를 들어 あきらめる(포기하다)의 경우, 「포기하지 않는다」라는 표현은 어떻게 할까요? 「あきらめない」라고 하면 될 것입니다.

마지막으로 1그룹 동사는 기본형 마지막 글자의 모음 「ㅜ」를 「ㅏ」로 바꾸고 ます로 붙입니다.

가령, 「休む(쉬다)」의 경우, 마지막 글자를 읽어보니 「む」입니다. 「무」는 「ㅁ + ㅜ」, 여기서 「ㅜ」를 「ㅏ」로 바꾸면, 「ㅁ + ㅏ」, 「마」라는 발음의 글자는 「ま」이므로 결국, 「쉬지 않는다」라고 부정의 의미를 나타내려면, 「休まない」라고 해야 되는 것입니다.

그런데 여기서 잠깐!

여러분보다 나이 많은 사람이나 지위가 높은 사람에게는 공손하게 얘기해야 하겠죠?

선생님한테 「쉬지 않는다, 안 쉰다」라고 하시는 분 계시지 않겠죠?

「쉬지 않습니다. 안 쉽니다」라고 공손하게 나타내려면 어떻게 해야 할까요?

지금 저희는 동사에 ない를 붙이는 것을 배우고 있는데, ない를 잘 보니 끝이 무엇으로 끝났나요? 「い」로 끝났으니 い형용사죠? 공손하게 나타내려면 뒤에 です를 붙이고, 과거를 나타내려면 い를 빼고 かったです였습니다. (모르시는 분들은 필수문법 4, 5편 참조하세요.)

쉬지 않습니다 : 休まないです

쉬지 않았습니다 : 休まなかったです。

여러분들중 「어? 예전에 ～지 않습니다, ～지 않았습니다라는 표현 배운 것 같은데…」라고 생각하시는 분 계실 것입니다.

필수문법 8편에서 언급했습니다.

따라서,

ます

ません(～지 않습니다) = ないです

ませんでした(～지 않았습니다) = なかったです

가 되는 것이지요.

즉, 쉬지 않습니다 : 休まないです는 休みません,

쉬지 않았습니다 : 休まなかったです는 休みませんでした와 같은 의미입니다.

그럼, 문제를 풀어볼까요?

기다리지 않는다(기다리다 : 待つ) →

기다리지 않습니다 →

기다리지 않았습니다 →

먹지 않는다(먹다 : 食べる) →

먹지 않습니다 →

먹지 않았습니다 →

오지 않는다(오다 : 来る) →

오지 않습니다 →

오지 않았습니다 →

답) 待たない / 待たないです(待ちません) / 待たなかったです(待ちませんでした)

食べない / 食べないです(食べません) / 食べなかったです(食べませんでした)

来ない / 来ないです(来ません) / 来なかったです(来ませんでした)

10. て형

이번에는 て형태에 대해 설명해 보겠습니다.

이 て형을 모르면 일본어 회화가 되지 않는다고 할 정도로 중요한 것 중의 하나입니다.

먼저 「て」의 의미를 외워 두셔야 하는데, 「~하고, ~해서」라는 2가지 의미를 갖고 있습니다.

꼭 외워 두시기 바랍니다.

한국어에서도 「~하고, ~해서」라는 말로 다양한 표현을 할 수 있습니다.

가령, 「먹다」라는 동사를 활용하여 「밥을 먹고 오겠습니다. 많이 먹어서 배가 아픕니다…」라는 등의 표현이 있죠?

일본어도 마찬가지입니다.

그럼, 본격적으로 동사에 て를 붙이는 방법에 대해 설명하겠습니다.

먼저 제가 개사한 노래를 알려 드리겠습니다.

여러분들, 「주먹 쥐고 손을 펴서 손뼉치고 주먹쥐고」라는 노래를 아시지요?

그 노래에 맞게 불러 보실래요?

> 1그룹 동사 く는 いて、 ぐ는 いで、 うつる って
> 　　　　　 ぬぶむ んで、 す는 して
> 2그룹 동사 る없애고 て
> 　　　　 する는 して、 くる는 きて
> 行く는 예외로 行って입니다.

위의 노래가사가 바로 て형을 설명하고 있는데요.

먼저, 「1그룹 동사 く는 いて、ぐ는 いで、うつるって ぬぶむんで、す는 して」라는 부분에 대해 설명드리면,

* く는 いて

  1그룹 동사 중에서 끝이 く로 끝나는 동사는 く를 い로 바꾸고 て를 붙인다.

  예) 書く(쓰다, 적다) → 書いて(쓰고, 써서)

* ぐ는 いで

  1그룹 동사 중에서 끝이 ぐ로 끝나는 동사는 ぐ를 い로 바꾸고 で를 붙인다.

  예) 脱ぐ(벗다) → 脱いで(벗고, 벗어서)

* うつる って

  1그룹 동사 중에서 끝이 う、つ、る로 끝나는 동사는 그 마지막 글자를 っ로 바꾸고 て를 붙인다.

  예) 買う(사다) → 買って (사고, 사서)

  　　待つ(기다리다) → 待って (기다리고, 기다려서)

  　　売る(팔다) → 売って (팔고, 팔아서)

* ぬぶむ んで

  1그룹 동사 중에서 끝이 ぬ、ぶ、む로 끝나는 동사는 그 마지막 글자를 ん으로 바꾸고 で를 붙인다.

  예) 死ぬ(죽다) → 死んで (죽고, 죽어서)

  　　呼ぶ(부르다) → 呼んで (부르고, 불러서)

  　　飲む(마시다) → 飲んで (마시고, 마셔서)

* す는 して

  1그룹 동사 중에서 끝이 す로 끝나는 동사는 그 마지막 글자를 し로 바꾸고 て를 붙인다.

  예) 話す(이야기하다) → 話して(이야기하고, 이야기해서)

* 2그룹 동사 る 없애고 て

    2그룹 동사는 마지막 글자 る를 없애고 て를 붙인다.

    예) 起きる(일어나다) → 起きて(일어나고, 일어나서)

    　　食べる(먹다) → 食べて(먹고, 먹어서)

* する는 して、くる는 きて

    3그룹 동사인 する는 して이며, くる는 きて이다.

    勉強する(공부하다) → 勉強して(공부하고, 공부해서)

    くる(오다) → きて(오고, 와서)

* 行く는 예외로 行って입니다.

    1그룹 동사 중에서 行く만은 예외적으로 마지막 글자 く를 い가 아닌 っ으로 바꾸고

    て를 붙인다. 行いて라고 하지 않는다.

    즉, 行く(가다) → 行って(가고, 가서)

일본어책 등에서 ます형, ない형이라는 말이 많이 나옵니다.

ます형이란 말 그대로 「동사를 ます를 붙일 수 있는 형태로 활용을 해 달라는 것」이며, ない형이란 「동사를 ない를 붙일 수 있는 형태로 활용을 해 달라는 것」입니다.

기본 조사 정리

조사	의미	예문
は	~은, ~는	ここはホテルです。 (여기는 호텔입니다.)
が	~이, ~가	私がお部屋までご案内します。 (제가 방까지 안내하겠습니다.)
も	~도	クレジットカードもできますか。 (크레딧 카드도 되나요?)
の	~의	これは私のパスポートです。 (이것은 나의 여권입니다.)
を	~을	パスポートを見せてください。 (여권을 보여주세요)
に	~에	田中さんはレストランにいます。 (田中씨는 레스토랑에 있습니다.)
で	~에서	ホテルのラウンジでコーヒーを飲みました。 (호텔 라운지에서 커피를 마셨습니다.)
	~로, ~으로	日本語で話してください。 (일본어로 말해 주십시요)
へ	~(쪽)으로	明日, 日本へ行きます。 (내일 일본에 갑니다.)
と	~와, ~과	こちらに お名前と ご住所を どうぞ。 (여기에 성함과 주소를 적어 주십시오)
から	~부터	明日から休みです。 (내일부터 휴일입니다.)
まで	~까지	このレストランは夜10時までです。 (이 레스토랑은 밤 10시까지입니다.)
より	~보다	このレストランは日本よりおいしいです。 (이 레스토랑은 일본보다 맛있습니다.)
か	~니까?	ご予約なさいましたか。 (예약하셨습니까?)
ね	~군요	とてもおいしいですね。 (매우 맛있군요)
よ	~예요	お湯が出ないですよ。 (더운 물이 안나와요.)

주의해야할 조사(に와 が)

조사	의미	설명	비고
に	~을, ~를	乗る「(어떤 탈것을) 타다」 앞에서 예) 車に乗る(차를 타다) 飛行機に乗る(비행기를 타다) 　　船に乗る(배를 타다)	「を」 아님
	~을, ~를	会う「만나다」 앞에서 예) 木村さんに会う (木村씨를 만나다)	「を」 아님
	~이, ~가	なる「되다」 앞에 예) 旅行はキャンセルになりました。(여행은 캔슬이 되었습니다)	「が」 아님
が	~을	できる「할 수 있다」 앞에서 私は日本語ができます。 나는 일본어를 할 수 있습니다.	「を」 아님
	~을	わかる「알다, 이해하다」 앞에서 あなたは英語がわかりますか。 당신은 영어를 아십니까?	「を」 아님
	~을	好きです「좋아합니다」 앞에서 私は金さんが好きです。 나는 김영진씨를 좋아합니다.	「を」 아님
	~을	嫌いです「싫어합니다」 앞에서 私はお酒が嫌いです。나는 술을 싫어합니다.	「を」 아님
	~을	上手です「잘합니다」 앞에서 金さんは日本語が上手ですか。 김영진씨는 일본어를 잘합니까?	「を」 아님
	~을	下手です「못합니다」 앞에서 私は歌が下手です。 나는 노래를 못합니다.	「を」 아님

통문장 일본어(레스토랑)

레스토랑에서 일본인 손님이 왔을 때의 업무 흐름과 각 장면에서의 일본어 표현에 대해 정리해보았습니다.

－고객 안내－

1. 고객이 업장에 들어오면 밝은 목소리로 いらっしゃいませ(어서 오십시오)라고 친근감 있는 인사를 한다.

2. 고객 인원 수 확인

   何名様^{なんめいさま}でいらっしゃいますか。 몇 분이십니까?

3. 좌석 안내

   ご案内^{あんない}いたします。 どうぞこちらへ。 안내해 드리겠습니다. 이쪽으로 오십시오.

   라고 말하면서 고객보다 2∼3보 앞서 걸으면서 안내한다.

－좌석 안내－

1. 만석이어서 빈 좌석이 없을 경우

   少々^{しょうしょう}お待^まちくださいませ。

   お席^{せき}が空^あきましたら、 ご案内^{あんない}いたします。

   잠시만 기다려 주십시오.

   좌석이 비면 안내해 드리겠습니다.

2. 빈 좌석이 생겼을 경우

   大変^{たいへん}お待^またせいたしました。 どうぞこちらへ。

   오래 기다리셨습니다. 이쪽으로 오십시오.

－요리 주문－

Order Taker는 테이블 40~50cm 앞에 서서

1. 失礼いたします。メニューでございます。

    실례하겠습니다. 메뉴입니다.

    라고 말하면 손님의 오른쪽에서부터 메뉴판을 제공한다.

    － 메뉴는 한 사람에게 하나씩

    － 물수건(おしぼり)은 사람 수대로

    － 물도 사람 수대로 제공한다.

2. 고객으로부터 주문을 받을 경우

    ご注文はお決まりでございますか。(주문은 정하셨습니까?) 또는,

    ご注文は何になさいますか。(주문은 무엇으로 하시겠습니까?)라고 묻는다.

3. 고객이 주문을 쉽게 정하지 못할 경우에는

    お客様、お決まりになりましたらお呼びくださいませ。

    (손님, 결정하시면 불러 주십시오)라고 하고 물러난다.

－요리 제공－

1. 완성된 요리는 이물질이 들어가 있는지 여부를 확인한다.

2. 요리는 주문과 일치하는지 확인한다.

3. 요리를 테이블로 가지고 가서, 우선

    お待たせいたしました。(오래 기다리셨습니다.)라고 인사한다.

4. 요리를 테이블에 놓을 때,

    ○○でございます。(○○입니다)라고 고객에게 확인하고 조용히 음식을 내려 놓는다.

5. 요리는 왼쪽에서부터, 음료는 오른쪽에서부터 놓는다.

6. 서비스 순서는 어린이, 고령자, 부인, 남성의 순서대로 제공한다.

7. 요리 제공이 다 끝나면,

どうぞ、ごゆっくりお召し上がりくださいませ。

(천천히 맛있게 드십시오)라고 말하고 가볍게 인사한다.

ー 식기 치우기 ー

1. 고객이 식사가 끝났으면

失礼いたします。もうお済みでございますか。

(실례하겠습니다. 식사 다 하셨습니까?)라고 말하고 가볍게 손바닥으로 식기를 가리킨다.

2. 고객이 그렇다고 대답을 하면,

お下げしてもよろしいですか。

(치워도 되겠습니까?)라고 물어본 뒤에 치우도록 한다.

식기를 치울 때에는 고객에게 빨리 나가라는 인상을 주지 않도록 한다.

3. 이 때, 다른 주문은 없는지도 확인한다.

ー 계산 ー

1. 고객이 전표를 갖고 계산대에 오면,

ありがとうございます。 少々おちくださいませ。

(감사합니다. 잠시 기다려 주십시오)라고 웃는 얼굴로 가볍게 인사한다.

2. 요금은

〇〇ウォンでございます。(〇〇원입니다)라고 말한다.

3. 요금을 받을 때는

〇〇ウォンお預かりいたします。

(〇〇원 받았습니다)라고 돈을 양손으로 정중히 받고, 지폐와 고객의 얼굴을 번갈아

보면서 확인한다.

4. 거스름 돈을 건네줄 때는

お待たせいたしました。(오래 기다리셨습니다.)

〇〇ウォンのお返しでございます。(거스름 돈 〇〇입니다.)

お確かめください。(확인하십시오)라고 말한다.

거스름돈은 지폐, 영수증, 동전의 순서대로 현금 받침대에 놓는다.

5. 손님이 계산을 마쳤을 때는

ありがとうございました。またどうぞお越しくださいませ。

(감사합니다. 또 찾아 주십시오)라고 정중하게 인사를 하고 고객이 문을 나설 때까지 배웅한다.

통문장 일본어(여행사)

여행사의 꽃이라 할 수 있는 일본 전문 인솔자(Through Guide)가 알아두어야 할 표현을 추려 보았습니다. 관광객들을 인솔하여 일본으로 출장 가기 전에 한번쯤 읽어 보면 도움이 될 것입니다.

1) 탑승권을 보여 주십시오.

搭乗券を見せてください。

2) 제 자리는 어딘가요?

私の席はどこですか。

3) 부탁드립니다.

お願いします。

4) 감사합니다.

ありがとうございます。

5) 죄송합니다.

すみません。

6) 가방이 선반에 안들어가요.

かばんが棚に入りません。

7) 제가 하겠습니다.

私がいたします。

8) 저쪽으로 옮겨도 될까요?

あちらに移ってもいいですか。

9) 괜찮습니다.

けっこうです。

10) 짐은 여기에 놓아도 될까요?

荷物はここに置いてもいいですか。

11) 저는 커피로 하겠습니다.

私はコーヒーにします。

12) 잘 먹었습니다.

ごちそうさまでした。

13) 치워 주세요.

さげてください。

14) 알겠습니다.

かしこまりました。

15) 다시 한번 말씀해 주세요.

もう一度言ってください。

16) 짐이 보이지 않는데요.

荷物が見つかりません。

17) 대한항공 822편으로 도착했습니다.

大韓航空822便で到着しました。

18) 크레임 택(claim tag)는 갖고 계십니까?

クレイムタグはお持ちですか。

19) 여행용 가방(suitcase)이 부서졌습니다.

スーツケースが壊れています。

20) 이 정도 크기입니다.

このくらいの大きさです。

21) 가방을 열어주세요.

かばんを開けてください。

22) 이것은 반입할 수 없습니다.

これは持ち込めません。

23) 안내 방송을 부탁합니다.

呼び出し放送をお願いします。

24) 처음 뵙겠습니다.

はじめまして。

25) 잘 부탁하겠습니다.

どうぞよろしく。

26) 저를 포함해서 15명입니다.

私を入れて15人です。

27) 버스는 어디에 있습니까?

バスはどこにありますか。

28) 호텔까지는 얼마나 걸립니까?

ホテルまではどのくらいかかりますか。

29) 이것은 일정표와 호텔 바우쳐(Voucher)입니다.

これは日程表とホテルのバウチャーです。

30) 식사 내용이 바뀐 것 같습니다만,

食事の内容が変わったようですが、

31) 손님은 15분이고, 짐은 전부 23개입니다.

お客さんは15人で、荷物は全部で23個です。

32) 짐을 버스까지 운반해 주세요.

荷物をバスまで運んでください。

33) 버스까지 안내해 드리겠습니다.

バスまでご案内します。

34) 좀 더 천천히 말씀해 주세요.

もっとゆっくり話してください。

35) 뭔가 용건이 있으시면, 언제라도 연락 주십시오.

何かご用がございましたら、いつでもご連絡ください。

36) 예약은 확실히 해 놓았습니다.

予約はちゃんとできています。

37) 손님은 모두 승차하셨습니까?

お客様はみんなお乗りになりましたか。

38) 호텔에 도착하면 가르쳐 주세요.

ホテルに着いたら教えてください。

39) 이것은 어떻게 사용하나요?

これはどうやって使うんですか。

40) 더우니까 에어컨을 켜 주세요.

暑いからエアコンをつけてください。

41) 마이크 스위치 좀 켜 주세요.

マイクのスイッチを入れてください。

42) 길이 막히는군요.

道が込んでいますね。

43) 손님과 상의해 보겠습니다.

お客さんと相談してみます。

45) 도쿄타워는 내일로 하겠습니다.

東京タワーは明日にしましょう。

46) 레스토랑 예약은 되어 있나요?

レストランの予約はできていますか。

47) 식사는 몇시부터입니까?

食事は何時からですか。

48) 차내에 손님 가방이 있는지 어떤지 확인해 주십시오.

車内にお客さんのかばんがあるかどうか確かめてください。

49) 내일은 아침 9시까지 호텔 입구에 배차시켜 주세요.

明日は朝9時までホテルの入口に配車してください。

50) 운전수 아저씨 전화번호를 가르쳐주세요.

ドライバーさんの電話番号を教えてください。

51) 잠깐 버스좀 세워 주세요.

ちょっとバスを停めてください。

52) 오래 기다리셨습니다.

お待たせしました。

53) 짐은 몇 개이십니까?

お荷物はいくつですか。

54) 내일 아침 6시에 모닝콜 부탁드리겠습니다.

明日の朝6時にモーニングコールをお願いします。

55) 조식은 몇시부터입니까?

朝食は何時からですか。

56) 짐을 방까지 운반해 주시겠습니까?

荷物を部屋まで運んでくれますか。

57) 트윈 5개에 싱글 1개이시죠?

ツイン5つにシングル1つですね。

58) 이쪽으로 오십시오.

こちらへどうぞ。

59) 저는 트래블 서비스의 인솔자입니다.

私はトラベルサービスの添乗員です。

60) 체크 인을 부탁드리겠습니다.

チェックインをお願いします。

61) 이것이 객실 키와 조식 쿠폰입니다.

こちらがお部屋のかぎと朝食券でございます。

62) 이것을 5장 복사해 주십시오.

これを5枚コピーしてください。

63) 전화번호는 몇 번입니까?

電話番号は何番ですか。

64) 지불은 바우쳐로 하겠습니다.

お支払いはバウチャーでします。

65) 콜렉트 콜로 한국에 전화하고 싶은데요.

コレクトコールで韓国に電話したいんですが。

66) 전화카드는 어디서 살 수 있습니까?

テレホンカードはどこで買えますか。

67) 끊지말고 기다려 주십시오.

そのまま切らずにお待ちください。

68) 전화 거는 법을 모르겠습니다.

電話のかけ方が分かりません。

69) 다시 한번 연결해 주세요.

もう一度つないでください。

70) 통화중입니다.

お話中です。

71) 방을 바꿔 주세요.

部屋を替えてください。

72) 객실에 열쇠를 놔두고 문을 닫아 버렸습니다.

部屋に鍵を置いたまま、ドアを閉めてしまいました。

73) 짐이 아직 안 왔습니다.

荷物がまだ届いていません。

74) 일본 엔화로 환전해 주십시오.

日本の円に両替お願いします。

75) 어떻게 해 드릴까요?

どのようにしてあげましょうか。

76) 잔돈을 섞어 주세요.

小銭を混ぜてください。

77) 이 여행자 수표를 현금으로 바꿔 주세요.

このトラベラーズチェックを現金にしてください。

78) 계산이 틀린 것 같은데요.

計算が違っているようですが。

79) 계산서를 주세요.

計算書をください。

80) 이 호텔에서 환전할 수 있나요?

このホテルで両替できますか。

81) 예약을 취소하고 싶은데요.

予約を取り消したいんですが。

82) 오늘 밤 6시에 예약하고 싶은데요.

今晩6時に予約したいんですが。

83) 7시로 바꿀 수 있습니까?

7時に変えられますか。

84) 몇 분이십니까?

何名様ですか。

85) 나를 포함해서 11명입니다.

私を入れて11人です。

86) 모두 같은 테이블로 부탁드립니다.

全員同じテーブルでお願いします。

87) 우동 정식은 1인분에 얼마입니까?

うどん定食は1人前にいくらですか。

88) 모두 같은 요리로 11인분 준비해 주세요.

みんな同じ料理で11人前用意してください。

89) 오늘 밤은 전부 예약이 차 있습니다.

今晩は全部予約が入っております。

90) 공교롭게도, 6시는 예약이 꽉 찼습니다.

　　あいにくですが、6時は予約でいっぱいです。

91) 오늘 밤 6시로 예약되었습니다.

　　今晩6時に予約できました。

92) 메뉴를 보여 주세요.

　　メニューを見せてください。

93) 예약하시지 않아도 괜찮습니다.

　　予約なしでもかまいません。

94) 예약은 하셨습니까?

　　ご予約はなさいましたか。

95) 7시에 예약한 트래블 서비스의 가이드입니다.

　　7時に予約したトラベルサービスのガイドです。

96) 이 스푼을 바꿔 주세요.

　　このスプーンを替えてもらえますか。

97) 빨리 되는 것은 없나요?

　　早くできるものはありませんか。

98) 무엇으로 하시겠습니까?

　　何になさいますか。

99) 주문을 바꿔도 됩니까?

　　注文を変えてもいいですか。

100) 한 잔(한 그릇) 더 부탁드리겠습니다.

　　おかわりをお願いします。

101) 이것은 주문하지 않은 것 같은데요.

これは注文してないと思いますが。

102) 잔이 더러워요(금이 갔어요).

グラスが汚れて(欠けて)います。

103) 분명히 예약을 해 두었습니다.

確かに予約をしておきました。

104) 맥주를 2병 부탁했는데 1병밖에 안왔습니다.

ビールを2本頼みましたが、1本しか来ていません。

105) 요리는 아직 멀었나요?

料理はまだですか。

106) 벌써 30분이나 기다리고 있습니다.

もう30分も待っています。

107) 한번 더 확인해 주세요.

もう一度確認してください。

108) 다음 예정이 있으니까 서둘러 주세요.

次の予定がありますので、急いでください。

109) 계산 부탁합니다.

お勘定お願いします。

110) 이 요금은 뭐죠?

この料金は何ですか。

111) 세금이 포함된 가격입니까?

税込みですか。

112) 1만엔 받았습니다.

1万円いただきました。

113) 거스름돈이 틀린 듯 합니다.

おつりが違っているようです。

114) 지불은 따로따로 해 주세요.

支払いは別々にお願いします。

115) 이것은 안 먹었습니다.

これは食べていません。

116) 어른 10장 주세요.

大人10枚ください。

117) 먼저 들어가세요.

お先にどうぞ。

118) 들어가도 되나요?

入ってもいいですか。

119) 환불할 수 있습니까?

払い戻しはできますか。

120) 이 근처에 의무실 있습니까?

この辺に医務室はありますか。

121) 어떻게 해서 갑니까?

どうやって行きますか。

122) 이 길을 똑바로 가 주세요.

この道をまっすぐ行ってください。

123) 담배 펴도 됩니까?

タバコを吸ってもいいですか。

124) 길을 잃었습니다.

道に迷いました。

125) 걸어서 얼마나 걸립니까?

歩いてどのくらいかかりますか。

126) 버스 안에 비치된 우산은 있나요?

バスの中に置き傘はありますか。

127) 사진 좀 찍어 주시겠어요?

写真を撮ってもらえますか。

128) 저 산을 배경으로 찍어 주세요.

あの山を入れて写してください。

129) 한 장 더 부탁드리겠습니다.

もう一枚お願いします。

130) 체크 아웃 부탁드리겠습니다.

チェックアウトをお願いします。

131) 이건 객실 키입니다.

これは部屋の鍵です。

132) 출발할 때까지 짐을 맡아 주세요.

出発まで荷物を預かってください。

133) 객실에 짐을 가지러 와 주세요.

部屋に荷物を取りにきてください。

134) 이 짐을 버스까지 운반해 주세요.

この荷物をバスまで運んでください。

135) 냉장고의 음료를 이용하셨습니까?

冷蔵庫をご利用になりましたか。

136) 지불은 어떻게 하시겠습니까?

お支払いはどうなさいますか。

137) 공항으로 가는 호텔 버스는 어디서 탑니까?

空港へのホテルバスはどこで乗りますか。

138) 유료 TV는 보지 않았습니다.

有料テレビは見ていません。

139) 다시 한 번 확인해 주세요.

もう一度調べてください。

140) 이쪽에 사인을 해 주십시오.

こちらにサインをお願いします。

141) 이러면 되겠습니까?

これでいいですか。

142) 냉장고에서 맥주 1병을 마셨습니다.

冷蔵庫からビール1本を飲みました。

143) 객실 열쇠를 주시겠습니까?

部屋のかぎをいただけますか。

144) 몇 시부터 플레이 할 수 있나요?

何時からプレーできますか。

145) 2시까지 이곳으로 와 주십시오.

2時までにこちらにお越しください。

146) 내일 모레 예약을 하고 싶습니다만.

明後日の予約をしたいんですが。

147) 1인당 얼마가 되나요?

一人いくらになりますか。

148) 골프장까지 송영도 해 주십니까?

ゴルフ場までの送迎もしてくれますか。

149) 요금에 캐디 피도 포함되어 있나요?

料金にキャディーフィーも含まれていますか。

150) 반일 코스에는 어떤 것이 있나요?

半日コースにはどんなものがありますか。

151) 식사는 포함되어 있나요?

食事は付いていますか。

152) 가까운 병원으로 데리고 가 주세요.

近い病院に連れていってください。

153) 구급차를 불러 주세요.

救急車を呼んでください。

154) 가능한 한 빨리 부탁드리겠습니다.

できるだけ早くお願いします。

155) 손님이 쓰러져서 의식이 없습니다.

お客さんが倒れて意識がありません。

156) 혈액형은 O형입니다.

血液型はO型です。

157) 알레르기는 없나요?

アレルギーはありませんか。

158) 여행을 계속해도 상관없을까요?

旅行を続けてもかまいませんか。

159) 여기서 카메라를 못 봤나요?

ここでカメラを見ませんでしたか。

160) 안에 여권이 들어 있습니다.

中にパスポートが入っています。

161) 언제 어디서 잃어 버리셨습니까?

いつどこでなくしましたか。

162) 어디서 잃어 버렸는지 잘 기억이 나지 않습니다.

どこでなくしたかよく覚えていません。

163) 찾는대로 호텔로 연락 주십시오.

見つかり次第ホテルに連絡してください。

164) 얼마 소지하고 계셨습니까?

いくら持っていましたか。

165) 일본 엔화로 대략 10만엔입니다.

日本円でだいたい10万円です。

166) 버스에 지갑을 두고 내렸습니다.

バスに財布を置き忘れました。

167) 무엇이 들어 있었습니까?

何が入っていましたか。

168) 그런 것은 아직 신고되지 않았습니다.

そういった物はまだ届いていません。

169) 책임자와 얘기를 하게 해 주세요.

責任者と話をさせてください。

170) 바로 찾으러 가겠습니다.

すぐ取りにいきます。

171) 출발이 늦어질 예정입니다.

フライトが遅れる予定です。

172) 탑승구는 5번으로 변경되었습니다.

搭乗口は5番に変更になりました。

173) 이것은 그쪽 잘못(실수)입니다.

これはそちらの過ちなんです。

174) 이것은 너무 커서 기내에 가지고 들어가실 수 없습니다.

これは大きすぎますから機内持ち込みはできません。

175) 몇 시간 늦어지는 겁니까?

何時間遅れるんですか。

176) 왜 출발이 늦어지는 거죠?

どうして出発が遅れているんですか。

177) 어떻게 해 주시지 않으면 곤란합니다.

何とかしてくれないと困ります。

178) 분명히 재확인(reconfirm)했습니다.

ちゃんとリコンファームしたんです。

179) 다른 항공사편으로 탑승해 주십시오.

他の航空会社の便にお乗りください。

180) 오늘까지 한국에 돌아가야만 합니다.

今日までに韓国へ帰らなければならないんです。

181) 웨이팅할 수 밖에 없나요?

キャンセル待ちするしかありませんか。

182) 몇 명 정도가 웨이팅하고 있나요?

何人くらいがキャンセル待ちしていますか。

183) 예약 재확인을 부탁드립니다.

予約の再確認をお願いします。

184) 그냥 구경하는 겁니다.

見ているだけです。

185) 좀 깎아 주세요.

ちょっとまけてください。

186) 좀 더 작은 사이즈를 보여 주세요.

もっと小さいサイズを見せてください。

187) 같이 포장해 주세요.

まとめて包んでください。

188) 거스름돈을 아직 받지 않았습니다.

お釣りをまだもらっていません。

189) 너무 비싸군요.

高すぎますね。

190) 운전수 아저씨, 수고하셨습니다. 이것은 팁입니다. 받으세요.

ドライバーさん、お疲れ様でした。これはお茶代です。どうぞ。

191) 아시아나 항공 체크인 카운터는 어디입니까?

アシアナ航空のチェックインカウンターはどこですか。

192) 이것은 손짐으로 기내에 가지고 들어가고 싶은데요.

これは手荷物として持ち込みたいですが。

193) 맡기실 짐은 전부 23개입니다.

預ける荷物は全部で23個です。

194) 이것은 깨지기 쉬운 물건입니다.

これは割れ物なんです。

195) 탑승 시간은 6시 35분입니다.

搭乗時間は6時35分です。

196) 6시까지 18번 게이트로 와 주세요.

6時までに18番ゲートに来てください。

197) 면세품은 어디서 받을 수 있나요?

免税品はどこで受け取れますか。

198) 미안합니다만, 좀 지나갈 수 있을까요?

すみません、ちょっと通してもらえますか。

199) 가방을 이 위에 올려 주세요.

鞄をこの上に乗せてください。

200) 카트(Cart)는 어디서 빌릴 수 있습니까?

カートはどこで借りられますか。

저자소개

고 영 길

- 현 백석대학교 관광학부 교수
- 경기대학교 관광학 박사
- 관광통역안내사(일본어) 자격 취득
- 일본어능력시험(JLPT) 1급 취득
- 관광통역안내사 필기문제 출제위원 및 면접심사위원

저자와의
합의하에
인지첩부
생략

알기 쉬운 관광일본어회화

2017년 3월 5일 초판 1쇄 인쇄
2017년 3월 10일 초판 1쇄 발행

지은이 고영길
펴낸이 진욱상
펴낸곳 백산출판사
교 정 편집부
본문디자인 오행복
표지디자인 오정은

등 록 1974년 1월 9일 제1-72호
주 소 경기도 파주시 회동길 370(백산빌딩 3층)
전 화 02-914-1621(代)
팩 스 031-955-9911
이메일 edit@ibaeksan.kr
홈페이지 www.ibaeksan.kr

ISBN 979-11-5763-339-5
값 16,000원